360°全景探秘
最不可思议的四大文明古国

最不可思议的四大文明古国
ZUI BU KE SI YI DE SI DA WEN MING GU GUO

360度全景探秘

最不可思议的
四大文明古国

主编 李 阳

天津出版传媒集团

天津科学技术出版社

图书在版编目（CIP）数据

最不可思议的四大文明古国 / 李阳主编. —天津：
天津科学技术出版社，2012.4（2021.6重印）
（360度全景探秘）
ISBN 978-7-5308-6972-7

Ⅰ.①最… Ⅱ.①李… Ⅲ.①世界史—古代史—文化
史—普及读物 Ⅳ.①K12-49

中国版本图书馆CIP数据核字（2012）第078874号

360度全景探秘——最不可思议的四大文明古国
360DU QUANJING TANMI —— ZUI BUKE SIYI DE SIDA WENMING GUGUO

责任编辑：	王　璐
责任印制：	刘　彤
出　　版：	天津出版传媒集团
	天津科学技术出版社
地　　址：	天津市西康路35号
邮　　编：	300051
电　　话：	（022）23332399
网　　址：	www.tjkjcbs.com.cn
发　　行：	新华书店经销
印　　刷：	永清县晔盛亚胶印有限公司

开本 690×940　1/16　印张 10　字数 200 000
2021年6月第1版第5次印刷
定价：35.00元

目 录

一、伟大神奇的中国古代文明 / 1

辉煌灿烂的古代中国 / 2

独一无二的中国古代文明 / 3

中国古城文化之谜 / 4

中国古文明的起源之谜 / 7

"中国原始第一村"的古豪宅之谜 / 8

众说纷纭的楼兰人种之谜 / 9

汉代女尸与青龙白虎之谜 / 12

新疆"独目人"岩画之谜 / 15

神秘迷离的西藏现象 / 18

和氏璧之谜 / 28

巴颜喀拉山之谜 / 30

千年古剑之谜 / 35

争执不休的中国古文化之谜 / 37

敦煌藏经洞之谜 / 42

揭开千年辽墓的神秘面纱 / 46

二、高度文明的古埃及文明 / 49

古代埃及文明的起源之谜 / 50

破解古埃及浮雕后的演进玄机 / 56

千年金字塔的未解之谜 / 60

石料之谜 / 62

吉萨惨案的谜中之谜 / 63

众说纷纭的通道之谜 / 67

三、梦幻般的古代巴比伦文明 / 69

古巴比伦的数学成就 / 70

古巴比伦文明的起源之谜 / 74

古巴比伦文明湮灭之谜 / 78

古巴比伦王国遗址之谜 / 79

巴比伦的通天塔之谜 / 82

被淹没的伊甸园 / 84

汉穆腊比王朝之谜 / 88

尼布甲尼撒之谜 / 93

众神国土上的艺术之谜 / 97

惊险奇幻的花园城市——巴格达 / 101

海底鱼人之谜 / 103

远古大洪水之谜 / 104

四、辉煌的古代印度文明 / 105

谁创造了古代印度的高度文明 / 106

摩亨佐·达罗的建筑之谜 / 108

摩亨佐·达罗人的死亡之谜 / 117

文明之门罗塔尔之谜 / 118

古印度的印章之谜 / 122

古印度哈拉巴文化之谜 / 124

"战神之车"之谜 / 128

露天铁柱永不生锈之谜 / 130

印度的瑜伽之谜 / 133

古印度土著人的风俗之谜 / 144

《吠陀》之谜 / 150

·最·不·可·思·议·的·四·大·文·明·古·国·

一、伟大神奇的中国古代文明

辉煌灿烂的古代中国

◆ 古代中国

◆ 丝绸之路

中国古代文明经历了悠久的历程，当各国古代文明都因国家兴替或社会转型而受影响，中国古代文明却在持续发展，并且是五千年一脉相承。中国历史从三皇五帝开始经历夏、商、周、春秋战国再到秦、汉、隋、唐等帝国阶段。中国古代文明与各地的文明古国互通信息，尤其是东亚、南亚等古代文明古国。由于它们地处中国以西，所以中国和世界的往来以与西方一面为主，形成中西交通的主轴，南连印度、西亚至波斯、埃及、希腊、罗马，其中最重要的一条商路就是著名的丝绸之路。

独一无二的中国古代文明

中国古代文明为什么独特呢？首先是因为她有着无与伦比的连续性；她能以汉字和汉文化将地域不同的民族统一在一起；她的科举制度发挥了先贤与能、惟才是举的社会政治功能，这与世界其他地区森严的阶级壁垒不同。此外，她还有无数项科技发明，其中火药、指南针、印刷术、造纸术（四大发明）更是对人类文明产生了重大影响。

◆ 指南针

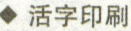

◆ 活字印刷

◆ 造纸术

中国古城文化之谜

◆ 陶寺遗址

◆ 河南淮阳平粮台古城

城的发现是对一种文化的修正。中国考古人员曾在湖北发现了一个120万平方米的城遗址，而随后2000年发现的山西南部襄汾市的陶寺遗址，距今4500年，遗址面积达250万平方米，是目前发现的最大的遗址群。而这个时期正是传说中的尧时期，山西南部也是尧活动的地点。

在河南淮阳平粮台古城的南门，发现有门卫房；在古城中间，发现有大型建筑的遗址，还有陶制的排水管。这个古城距今4500～5000年。

城的出现，一是表明战争的激化，二是表明集团的凝聚力在增强，从而促使了首长权力的集中、王权的形成。传统的看法是把夏王朝的建立看做是中华文明的开始，这就是

伟大神奇的中国古代文明

4000年历史。但是人们意识到4000至5000年这1000年间文明已经相当发达,是不是可以成为早期国家的开始,这1000年是在文明社会的门外还是已经迈进门里?

"这些考古发现大都集中在4000~5000年前,说明了这个时期正是中华文明形成的重要时期,也是重要的社会转型时期,即从原始社会开始向阶级社会转变。"北京大学古代文明研究中心主任李伯谦教授说,"而这个时期正是传说中的五帝时期。"

◆ 中国古城西安

最不可思议的四大文明古国

◆ 陶制排水管

中国社会科学院研究生院考古系主任王巍认为,近年来重要的考古发现也同时证明了中华文明形成的模式是多元一体的。但各个地区文明发展不平衡,有的中途夭折了。多元是指各个地区文化都有自己的轨迹,而一体是在很早就表现出共同的信仰,比如对龙的崇拜。

"这个模式也可以描述成为多瓣一心,中原文化就是那心。"王巍说:"在4500年前左右,中原文化的地位确立后,对周边起到了汇聚与辐射的功能。"

中华文化首先肯定的是本土产生的,而起源是多元化的,形成了多个文化区域,而这些区域的每一个系统都为中国文明的起源做出了重大的贡献。

◆ 陶寺遗址

伟大神奇的
中国古代文明

中国古文明的起源之谜

按照传统的观点，夏王朝的建立是中华文明的开始。夏文化的代表是二里头文化，但科学家测定发现二里头文化只有300年的历史。根据文献记载，夏朝有14代，有400多年的历史。那么早期夏文化在哪里？而后来的商朝5次迁都，到现在也没有完全搞清楚。

洛阳素称我国"地下博物馆"，古代文化遗存十分丰富。

铜方鼎（西周文物）

◆ 二里头文化

◆ 二里头文化

"中国原始第一村"的古豪宅之谜

◆ 原始第一村

◆ 原始第一村

考古人员在被称为"中国原始第一村"的安徽蒙城尉迟寺遗址发掘出15间在地下沉睡了4500多年的红烧土排房。

专家说这是中国到目前为止发现的规模最大、保存最完整的史前建筑遗存。

这些房屋面积从2平方米到20平方米不等,总长度达75米,并与以前发掘的排房相对接,形成了一个宏大的整体格局。

考古人员分析,这些红烧土排房不但是一次性建成的,而且有可能因为自然灾害或战争,整个村庄又一次性地被遗弃,从而使遗址保存得如此完整。

这些红烧土房是史前人类最豪华的住宅,它的制作工艺相当复杂,建好之后再用火烘烤,直至整个房屋变成红色。这样的房屋冬暖夏凉,坚固美观。

众说纷纭的楼兰人种之谜

1980年春,孔雀河尾闾铁板河出土了一具保存完好的女尸,让人目睹了古楼兰人的风采。

女尸的牙齿、毛发、指甲都保存完好,仿佛刚刚睡去。那健壮的骨骼、古铜色的皮肤让人相信她随时会站起来奔跑,甚至她的头发和鞋里的虱子都栩栩如生。

根据遗传学的体质特征,现代人类被分为三大人种:蒙古人种(黄种人)、高加索人种(白种人)和尼格罗人种(黑种人)。

楼兰古城东郊东汉墓的头骨分析表明:此时的楼兰居民是"高加索人种的印度-阿富汗类型"。他们和古墓沟人同属白种人的范畴,但又是不同的分支。楼兰古

◆ 楼兰

◆ 楼兰古城

◆ 波斯风味花瓶

最不可思议的四大文明古国

◆ 楼兰壁画

城人种是否由古墓沟人演化而来则没有证据。

1个世纪以来，中外学者一直致力于考证这个神秘民族的来龙去脉。他们是从什么地方、通过什么途径来到楼兰地区的？他们是谁？属于哪个民族？他们又是如何消失的呢？

◆ 楼兰

比较流行的说法是:楼兰的欧洲人是远古时期一支漂泊东方的印欧人古部落。

他们由于某种原因向东迁移,并最终定居下来。

英国人类学家亨宁认为:他们就是公元前2300年左右出现在波斯西部的游牧民族古提人。

公元前2300年来,古提人突然从此地消失,这一直是历史学中的一个谜。亨宁认为他们经过长途跋涉,迁入了罗布泊。

反对迁移说的学者也有很多。这些人认为楼兰人就是罗布泊的土著居民。

那么,到底楼兰人是从哪里来的,这仍然是一个未解之谜。

汉代女尸与青龙白虎之谜

2002年7月7日，连云港金大工程公司的工人姜茂东在操纵挖掘机时意外带出一口棺材。姜茂东没有意识到，其实他在为考古学家展开一条谜语，而谜底还没有出现。

正是这个意外的挖掘，连云港汉代女尸出土。这具名叫凌惠平的女尸出土时保存完好，尸体皮肤鲜嫩，白皙润泽。这是继湖南长沙马王堆汉墓、湖北荆州汉墓之后又一次发现保存完好的汉代古尸。

而古尸为何保存得如此完好，现在仍是一个谜。

连云港女尸的发现只是近来重大考古发现的一个例子，历史有很多的断缘之处和未解之谜，而考古就是试图接上这些断了的链条。"正是近年来的重大考古发现，将历史的缺环弥补，并将中华文明大大地推前。"中国社会科学院考古研究所副所长、博士生导师王巍说。

令人吃惊的是，河南舞阳贾湖遗址还发现了多件骨笛，这种 7 孔骨笛非但不是装饰品，而能演奏非常动听的音乐，同时在乌龟壳上发现刻画的符号，而这个遗址距离现在的时间是8500年。"当时先民已经掌握了相当成熟的音乐技巧。而传统观点认为，这种水平的音乐应该存在于春秋战国时期。"王巍说。

在东北一带，考古新发现同样让人欣喜。在赤峰，发现了八千年前的部落。在一个名为查海的遗址中，就有一个石块堆起来的长达19米的龙的形状，而在河南濮阳一处遗址中，发现东边是龙、西边是虎的雕塑，具有青龙白虎的雏形。而传统考古认为，青龙白虎最早出现在战国时期，但这个遗址距今六千多年。

在距今5000~5500年的辽西牛河梁遗址群，发现有大小不

◆ 舞阳贾湖

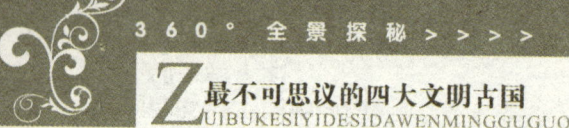

同的墓葬。距今5000～4300年的南方良渚文化,在其遗址群中也发现了差别很大的大小墓葬:大墓葬里有上百件的玉器和雕刻的神像,而小墓葬里一无所有。表明当时的社会已经出现等级分化。

◆ 舞阳贾湖遗址

新疆"独目人"岩画之谜

新疆维吾尔自治区博物馆考古工作者在新疆北部青和县西北的一山沟中考古时,发现散落面积达数平方千米的铁陨石群。令人称奇的是,在这里还发现了多处以陨石为载体、疑与外星人有关的文物。

发现者的助理研究员张晖说:"根据陨石成分的密度及体积,初步推测其中有的陨石重量足有100吨以上。"目前世界上最大的铁陨石是1920年坠落在非洲纳米比亚的重60吨的"戈巴陨铁"。

◆ 独目人

360°全景探秘

最不可思议的四大文明古国

◆ 古岩画

"历史上青和曾发生过陨石雨大坠落,"张晖推测,"无论是陨石的散落面积、规模还是数量,都堪称世界之最。"陨石分为石陨石、铁陨石、石铁陨石3种,其中铁陨石、石铁陨石极为罕见,而青和发现的陨石恰是这极为少见的品种。

令人称奇的是在这里还发现了多处以陨石为载体的文物。包括用陨石雕凿而成的圆球状石人以及刻在陨石上的牛、羊、马、骆驼等岩画,其中有一幅"独目人"图案陨石岩画与分布在世界许多地方的独目人岩画惊人的相似。刻在陨石上的"独目人"头部呈圆圈状,中间绘有一眼,两手相连环置胸前,胸以下左右被两道圆弧包裹,露出双脚。

张晖说:"内蒙古阴山岩画、宁夏贺兰山岩画、加拿大安大略湖皮托波洛岩刻、北撒哈拉岩画、埃及'德耶德支柱'上均有'独目人'图案,在青和发现的这幅'独目人'造型与贺兰山岩画中的'独目人'形象如出一辙。"

最早到中国探险的欧洲人——古希腊人亚里斯底阿斯在公元前7世纪东行至中国的阿尔泰山一带,并将旅行见闻写成了《独目人》一书,张晖认为,刻在陨石上的"独目人"很可能反映了"当时有真实存在的超文明使者","这一岩画是阿尔泰语系诸民族萨满教的最主要的天神崇拜图"。至于它的形成原因,还有待考古工作者进一步研究。

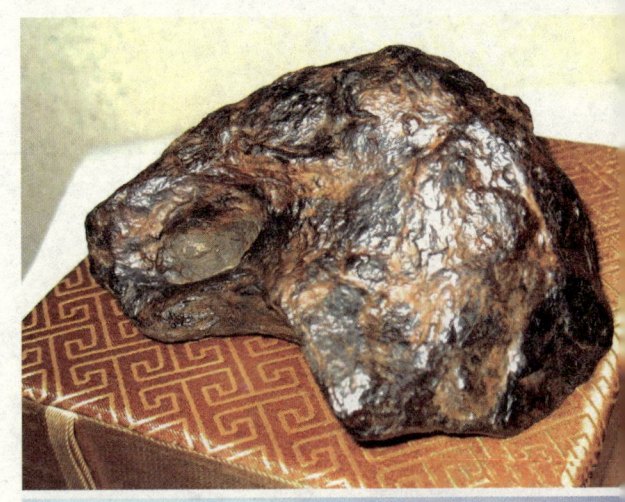

◆ 独目人

神秘迷离的西藏现象

近年来去西藏旅游和参观的人络绎不绝,西藏到底有什么样的神奇和奥妙,让人们如此神往呢?

红雪之谜

在喜马拉雅山5000米以上的冰雪表面,常年点缀着血红色的斑点,远看如同红雪。这些红斑点是由雪衣藻、溪水绿球藻和雪生纤维藻等藻类组成的。

在永久性冰雪中,高原藻类分布广、耐寒性强,零下36℃也不至于死亡。因其含有备色色素,故呈红色。

奇特的"水火山"之谜

在唐古拉山地区时常发生的冻胀丘自我爆炸现象,其声如雷。

喷出几米高的水柱，炸起的石块抛向四方。数10分钟后平息，并留下一个大陷穴，这就是当地人所说的"水火山"。

珠峰旗云之谜

在天气晴朗时，珠峰峰顶常漂浮着形似旗帜的乳白色烟云，这就是珠峰旗云。旗云是由对流性积云形成，可根据其飘动的位置和高度，来推断峰顶风力的大小。如果旗云飘动的位置越向上掀，说明高空风越小；越向下倾，风力越大。若与峰顶平齐，风力约有9级。

因此，珠峰旗云又有"世界上最高的风向标"之称。

◆ 珠峰

沸沸扬扬的"野人"之谜

西藏"野人"之谜历来被炒得沸沸扬扬，是"世界四大谜"之一。

早在1784年，中国就有西藏野人的文献记载。

近年来，在喜马拉雅山区不断

有人目击野人活动，并有女性野人抢当地男子婚配生子之事。

迄今已有若干考察队深入藏东考察，但目前野人仍是一个谜。

然炯现象之谜

然炯现象是指分布在藏区各地天然形成的、显现与宗教或各种崇拜物相关的图像的石头的现象。如形似佛眼的石头、酷似男女生殖器的石头等。藏族认为这些石头具有神性。

香巴拉之谜

香巴拉，又译作"香格里拉"，意为"持安乐"，是佛教所说的神话世界，时轮佛法的发源地。关于香巴拉是否存在，人们始终持怀疑态度，而佛学界则认为香巴拉是一个虚构的世外桃源。

藏文史籍对于香巴拉的记载很详细：香巴拉位于雪山中央的西瑞，圆形如同莲瓣，周围被雪

山环抱。

从白雪皑皑的山顶到山脚下的森林，生长着各种鲜花和药草，大小湖泊星罗棋布，青草茂盛，绿树成荫，有许多修行圣地。

其中央耸立着富丽堂皇的迦罗波王宫殿，宫殿中央是各王的寝宫宝座，各王拥有许多大臣和军队，可以乘骑的狮子、大象、骏马无数。这里物产丰富，人民安居乐业，从王臣权贵到庶民百姓都笃信佛法，供奉三宝，是人间天堂。

但香巴拉究竟存在与否，至今仍是一个谜。

象雄之谜

象雄，意为"大鹏鸟之地"，汉史记载"单同"，是西藏高原最早的文明中心。据考古研究和史籍记载，象雄在公元前10世纪就已在西藏高原崛起，且早于吐蕃与唐朝建立关系。

在公元6-7世纪，象雄已经以牧为主，兼

有农业了。古老的象雄文化，同时也是西藏传统土著宗教——苯教的发源地，对后来的吐蕃以至整个西藏文化都产生了深刻的影响。象雄王朝鼎盛之时，曾具有极强的军事力量，其疆域包括了西藏高原的大部分地区和青海、四川的一部分以及西部的克什米尔和拉达克。后来，吐蕃逐渐在西藏高原崛起，到公元8世纪时，彻底征服了象雄。从那时起，象雄王国和文化就突然消失了，其文字文献、宫殿遗址等至今无从考证，留下了千古之疑。

神秘的"托架"现象

"托架"为藏语，意为天铁或雷石。据传托架是打雷时落下来的铁块，长期埋藏在地下而不锈，呈现各种形状和颜色。如果找到此类物，可以做护身符用，有避邪的功用。藏医也用此入药，据说可治中风等疾病。

经有关专家研究考证，这些托架大多属于古人的遗物，包括箭镞、小块钢铁及生物化石，也有一部分陨石碎片。而在当今藏区，尤其在边远的农牧区，人们仍很看重托架的神秘，以佩戴托架为荣。

巫师之谜

在原始宗教观念支配下的藏族先民们认为：无论是在天上、地下或是水中，都有神灵，而且世间万物也都听命于这些神灵。在人类发展的过程中，人们不断幻想着能控制和影响客观事物以及部分自然现象，于是便产生了祭祀和巫术活动，巫师也随之出现。作为藏族原始宗教祭祀主持人的巫师，据说都能通神，且能同鬼神通话，以上达民意，下传神旨；可预知吉凶祸福，除灾祛病；还能从事征兆、占卜活动，施行召魂、驱鬼等巫术。他们是人与神之间的桥梁和媒介，享有十分崇高的威望。

然而，随着时间的流逝，人们对巫师的各种情况，如名称、传承、服饰、法器、神坛、咒语、巫术、占卜等，几乎一无所知。或许在某个偏远的地方，或多或少地保留了一些较为接近于原始宗教巫师的面目，这些还有待我们进一步去考察。

伏藏之谜

伏藏是指苯教和藏传佛教徒在他们信仰的宗教受到劫难时藏匿起来、日后重新挖掘出来的经典,分为书藏、圣物藏和识藏。

书藏即指经书,圣物藏指法器、高僧大德的遗物等。最为神奇的就是识藏,据说当某种经典或咒文在遇到灾难无法流传下去时,就由神灵授藏在某人的意识深处,以免失传。当有了再传条件时,在某种神秘力量的启示下,被授藏经文的人就能将其诵出或记录成文。这一现象就是伏藏之谜。

神授艺人之谜

《格萨尔王传》是藏族著名的长篇英雄史诗,从其原始雏形发展到今天,共有百余部之多,可谓长篇巨作。

《格萨尔王传》在民间以两种形式流传:一是以口头说唱形式,另一是以抄本、刻本形式。

口头说唱是其主要形式,是通过说唱艺人的游吟说唱世代相传,而说唱艺人有着各种传奇。

在众多的说唱艺人中,那些能说唱多部的优秀艺人往往称自己是"神授艺人",即他们所说唱的故事是神赐予的。

"神授说唱艺人"多自称在童年时做过梦,之后生病,并在梦中曾得到神或格萨尔大王的旨意,病中或病愈后又经喇嘛念经祈祷,得以开启说唱格萨尔的智门,从此便会说唱了。

在藏区,有些十几岁目不识丁的小孩病后或一觉醒来,竟能说唱几百万字的长篇史诗,这一神秘现象至今无法解释。

◆ 神山

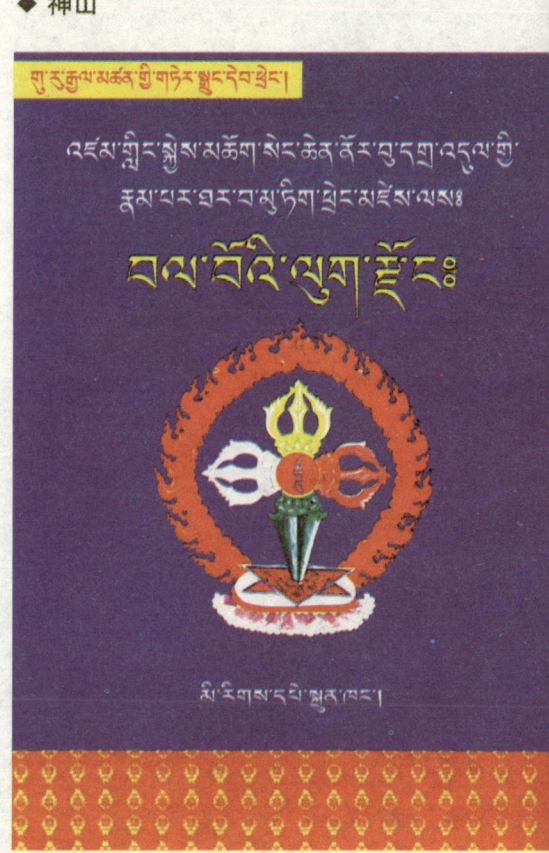

古格之谜

◆ 古格

9世纪中叶，吐蕃王朝第九世赞普朗达玛被杀，其曾孙逃往阿里地区。约公元10世纪，其后裔建立了古格王国，并在近700年的历史长河中创造了灿烂的文明。1630年，拉达克人入侵并消灭了古格。然而，从记载上看，战争造成的屠杀和掠夺并不足以毁灭古格文明，但古格文明的消失和玛雅文明有着惊人的相似之处，都发生得异常突然。在今天的遗址附近经常可以看到这样的景象：10多户人家守着一座可供上千人居住的城市，而这10多户人家并不是古格后裔。那么古格人是如何消失得无影无踪了呢？

如今，浩大的古格王国遗址、神奇的"古格银银"、无头干尸洞和无数的古物珍宝都在吸引着考古学家。但古格文明为什么突然消逝了，仍是一个谜。

伟大神奇的
中国古代文明

岩画之谜

到目前为止,西藏高原共发现古代岩画地点近60处,分布区域遍及整个高原,以日土岩画和加林山夏仓岩画最为著名。

这些岩画记录了高原先民生产、生活的各个场景,还有大量不知名的动物图案和令人费解的奇异场景,有待进一步研究。

◆ 日土岩画

◆ 日土岩画

虹化之谜

虹化之谜是得道高僧在圆寂时出现的一种神秘现象。

据说,修炼到很高境界的高僧在圆寂时,其肉身会化成一道彩虹而去,进入佛教所说的空行净土的无量宫中。

◆ 160岁高僧圆寂8年真身不腐

◆ 高僧虹化

和氏璧之谜

◆ 王莽

传说中国的春秋时期，有一楚国人卞和在今湖北省的漳西发现了"和氏璧"。当时王宫没有人知道这是一个宝物。当权者便以欺王之罪命人把他的左脚砍掉了，后来又有一个统治者也因同样的原因把他的右脚砍掉了。后来只有文王对他以礼相待，并让人精心雕磨他呈献的宝物，并为其取名"和氏璧"。

几年后，楚国的威王把和氏璧赏给立了大功的相国昭阳。但是没有多长时间它却被人偷走了。50年后，赵国人缨贤用500两黄金从一个外地人手里买了一块玉璧。经人确认后才知就是丢失了多年的和氏璧。后来赵王听说了此事，便把它从缨贤手中夺走。

当时的人们把和氏璧当做无价之宝，都想一睹为快，而想把它据为己有者，亦是大有人在。公元前228年，秦国终于得到了垂涎已久的

和氏璧，从此之后，它成了皇帝的宝印，并开始被称为"国玺"。

刘邦建立汉朝时，传令将秦王献出的和氏璧作为国玺代代相传。由此和氏璧成了传国玺。公元5年，外戚王莽为了夺取汉王朝的大权，想急于得到和氏璧。当时掌管和氏璧的孝元皇后情急之下，把和氏璧摔在了地上。结果和氏璧就缺了一角，但是它最终没有逃脱被王莽占有的命运。而到了东汉末年，和氏璧又下落不明了。

而又有人说，其实早在五代十国时期，和氏璧已下落不明。更有一些学者认为，和氏璧不是一块宝玉。因为荆东地区不产玉，所谓的和氏璧是春秋战国时一种常见的东西。由此可以推断，和氏璧只是历史上的一种传说而已。

还有一些学者认为，和氏璧是地球上极为罕见的一种宝物，它不仅晶莹剔透，而且在光泽、耐磨程度和大小上都超过了一般的宝玉。但是和氏璧的真相到底如何？它为何价值连城呢？这还有待于考古工作者的进一步考证。

◆刘邦

巴颜喀拉山之谜

在中国四川和青海的交界处，有一片神秘的山地，这就是巴颜喀拉山区。

长江和红河均发源于此。红河先向南流，流入越南后叫湄公河，这个地区海拔5000米，山谷地区海拔2000米，因此，即使在夏季，这个地区也十分凉爽。其实，在2000年前这个地方比现在还暖和。

巴颜喀拉山的人骨之谜

在这个地区的种种古老传说中曾谈到过一些瘦小的黄种生物。它们来自天外，由于奇丑无比，模样

又怪，所以受到周围地区土著民族的攻击和杀戮。直到今日，这一地区的山洞对那些特别迷信的和多疑的居民还是个禁区。这也是这些人骨能完好无损和盗墓贼没有光顾这里的一个主要原因。

　　这些人骨是考古学家在20世纪30年代发现的。人类学家认为，这些人骨是土著朱洛巴和康巴人的遗骨，但是这种生物是无法用人种学分类的。这些骨骼已经有12 000年的历史了。

圆盘之谜

　　更引人注目的是716块作为死者殉葬品的花岗石圆片。这些圆片像旧唱片，每一块厚2厘米，

◆ 花岗石

直径达30厘米,圆片的正中间有一个圆孔;以这个圆孔为中心,有一条双槽刻痕,成螺旋状向外旋出,直至岩片的外缘。双纹路之间刻着一种古怪的文字符号。

巴颜喀拉山上的圆盘厚度每个只有2厘米左右。这种奇特的构造不可能是自然力量所为。但科学家证明这些花岗石圆盘已有上万年的历史,那么,会是谁制造了它们,又把它们遗落在荒寂的巴颜喀拉山呢?

科学家做了化学分析,发现圆片含钴。这种金属的性质像铁和镍,稍有磁性,主要用来和铬一起制造钢。中国的青海省有几个可供开采的铬矿,巴颜喀拉山地区也有铬矿。

看来给后代留下的716个圆片的外星人有意往圆片里加了钴,以使其坚硬。

根据分析,圆片的条纹还含有铝和硅,可能形成一种磁道,正如我们今天的磁盘。这样我们可以推测,圆片里记录着两条信息。

第一条是文字的信息,目前只能粗略地辨认出一小部分;第二条信息记录在条纹里,其中的奥秘正有待揭开。

这第二条信息系

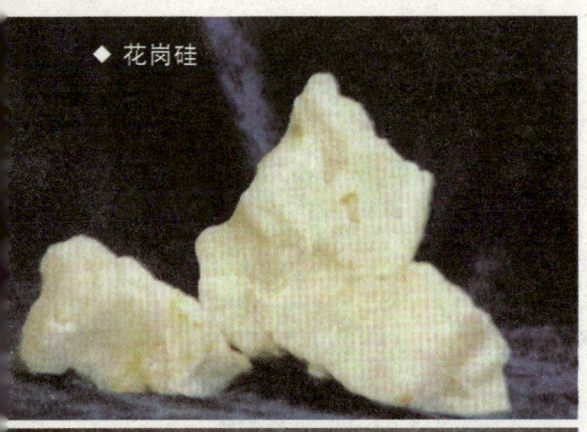

◆ 花岗硅

◆ 花岗硅

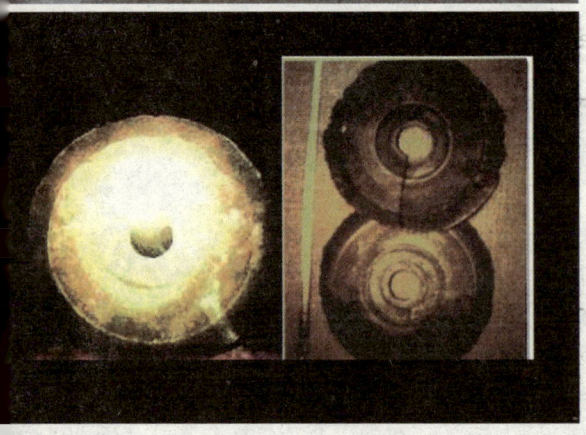

统是否有意留下的？是否等到过了成千上万年后，人类的智力水平和技术水平高度发展后才有能力揭开自己历史上的奥秘？还是迫降在地球上的外星人向他们的本族人传递的信息？

最令人震惊的是，物理学家们研究发现，所有的石片均经过非常高的电压处理。谁在远古就会运用高压电？

圆片的发现地还有许多谜案有待于揭开。

巴颜喀拉山的一些岩洞里还画了罕见的岩画，上有太阳、月亮、地球和一些星星，它们通过豌豆大的圆点组成的线条联系起来。

这是否是外星宇航员的航线？是不是表示他们迫降在一个人迹罕至的山区？这一切有待于科学家们的进一步发现和研究。

千年古剑之谜

在20世纪70年代,一支考古队在挖掘春秋古墓时,意外地发现了一柄沾满泥土的古剑。擦去剑上的泥土,发现剑身上有一行古篆——"越王勾践剑"。这一重大的考古发现立刻轰动了全国。

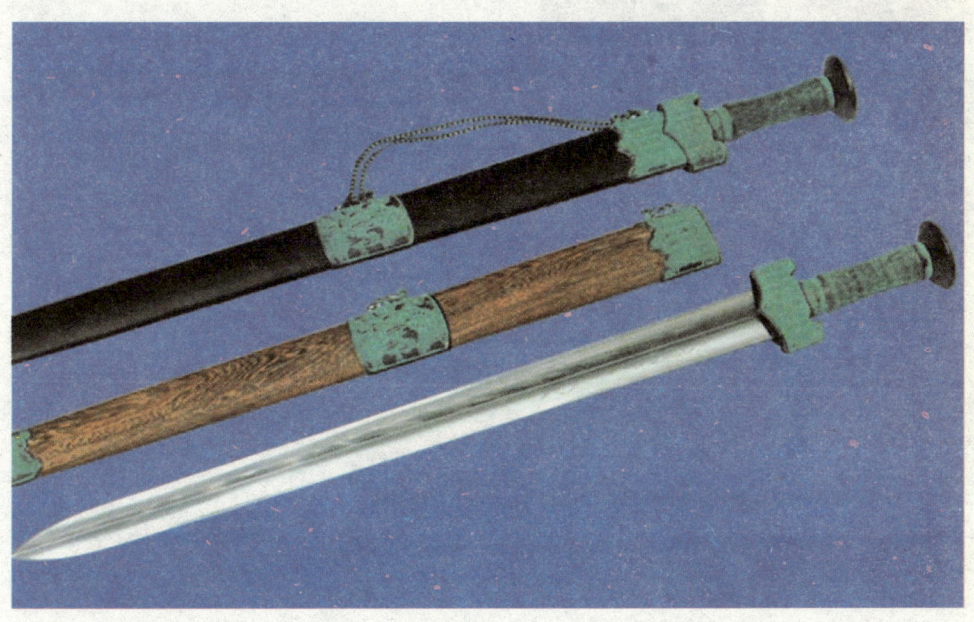

最不可思议的四大文明古国
ZUIBUKESIYIDESIDAWENMINGGUGUO

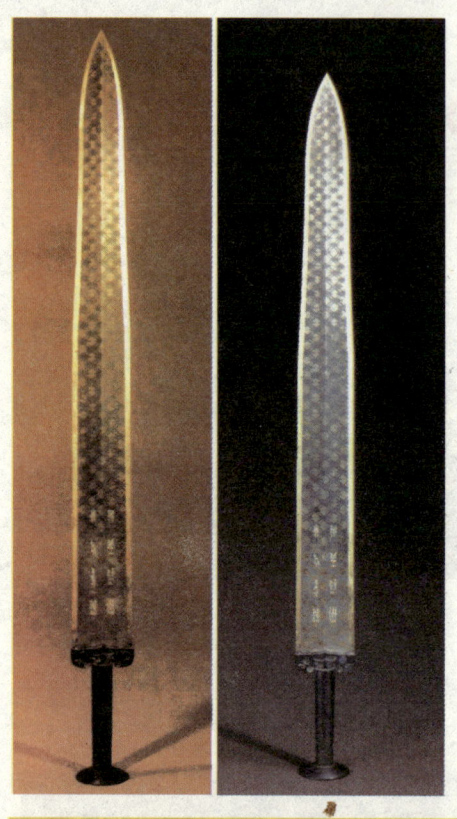

令人奇怪的是，这柄古剑在地下埋葬了2000年却没有生锈，依然寒光四射，锋利无比。通过进一步的研究发现，"越王勾践剑"不锈的奥秘在于剑身上被镀上了一层含铬的金属。铬是一种极耐腐蚀的稀有金属，地球岩石含铬量很低，提取十分不易。再者，铬还是一种耐高温的金属，它的熔点大约是4000℃。而在2000多年前，人们用什么方法把这种金属镀到剑上，并能使这种金属渗透到宝剑内部的呢？有待于考古学家的进一步研究。

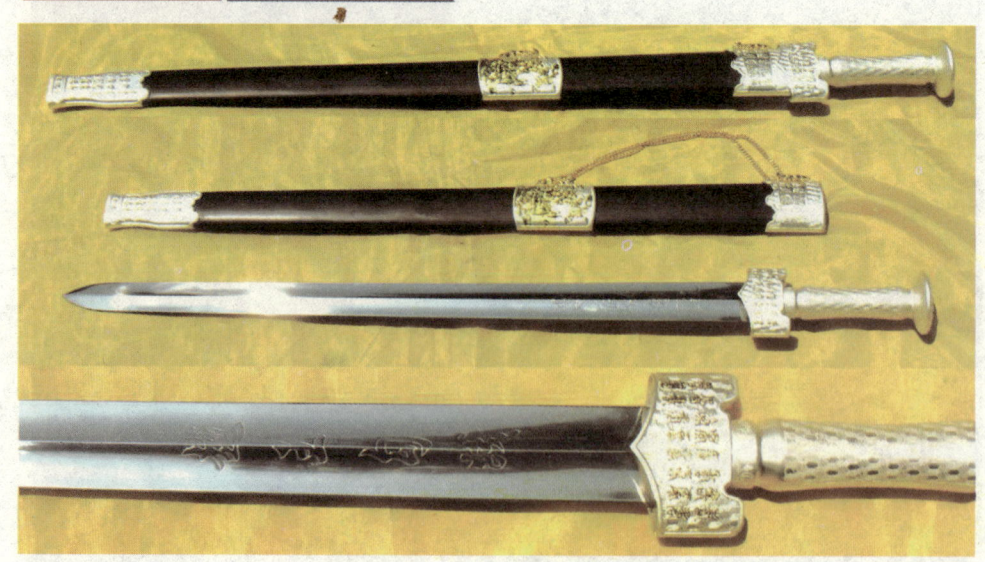

争执不休的中国古文化之谜

河西走廊上的"罗马古城"之谜

地处河西走廊永昌县西南的鸾鸟城遗址,到底是不是"罗马古城",引起中外学者不小的争论。

1968年当地群众在该处修建水库时,发现大量灰层及鹿角等兽骨,并出土一批文物,有石臼、铁刀、铜扣、铁犁、陶罐。出土的铁钟残块上有文字,但锈蚀不清,无法辨认。一些外国学者经过考察后,认为这座城是由古罗马人建筑的。而根据出土

文物并参考有关记载，此城应为汉武帝元鼎六年（公元111年）所建。而此时恰好是古罗马时代。永昌在汉武帝时称做骊䩞，而骊䩞又是当时古罗马的称呼。

这似乎不仅仅是巧合，但在对这一古城进行系统科学发掘之前，谁也没有定论。

武则天的"无字碑"要告诉人们什么

树碑是为了立传,是为了让后人知道自己的功绩,而一代女皇武则天却为自己立了一块无字碑。

位于陕西乾县的乾陵是唐高宗李治和武则天的合葬墓,西面一块碑歌颂了唐高宗的文治武功,而东面就是武则天的无字碑。有学者认为,女皇树无字碑是为了夸耀自己功绩,以此说明她的功绩是无法用文字表达的。也有人认为武则天自知罪孽深重,所以还是不写碑文为妙。还有人认为,立无字碑是一个聪明的做法,功过是非让后人去评说。

岳飞没写《满江红》?

众所周知,《满江红》是宋代抗金英雄岳飞的词。但近来一些学者却认为如果是岳飞写的,为什么岳飞去世后,宋代后元代的一些书中却没有《满江红》?直到400多年后才在《岳武穆遗文》中出现。况且岳飞子孙编的《岳王家集》中也没有收录这首词。因此,《满江红》很可能是明代人假托岳飞之名写的。而"踏破贺兰山缺"一句,贺兰山在今甘肃之西,南宋时是西夏国土,并不属金国;而岳飞要直

捣的黄龙府，在今吉林省境内。如果词是岳飞写的，怎么会把地点搞错了呢？

但也有人认为，岳飞死后因家被查封，而且在秦桧当政时，一些作品难流传于世。所以直到明代中期才出现《满江红》不足为怪。至于"贺兰山"一句，可作比喻，以贺兰山比敌境，也未尝不可。

不管《满江红》是不是岳飞写的，岳飞都是永远的英雄，而《满江红》对文学史的影响也是不可磨灭的。

◆满江红

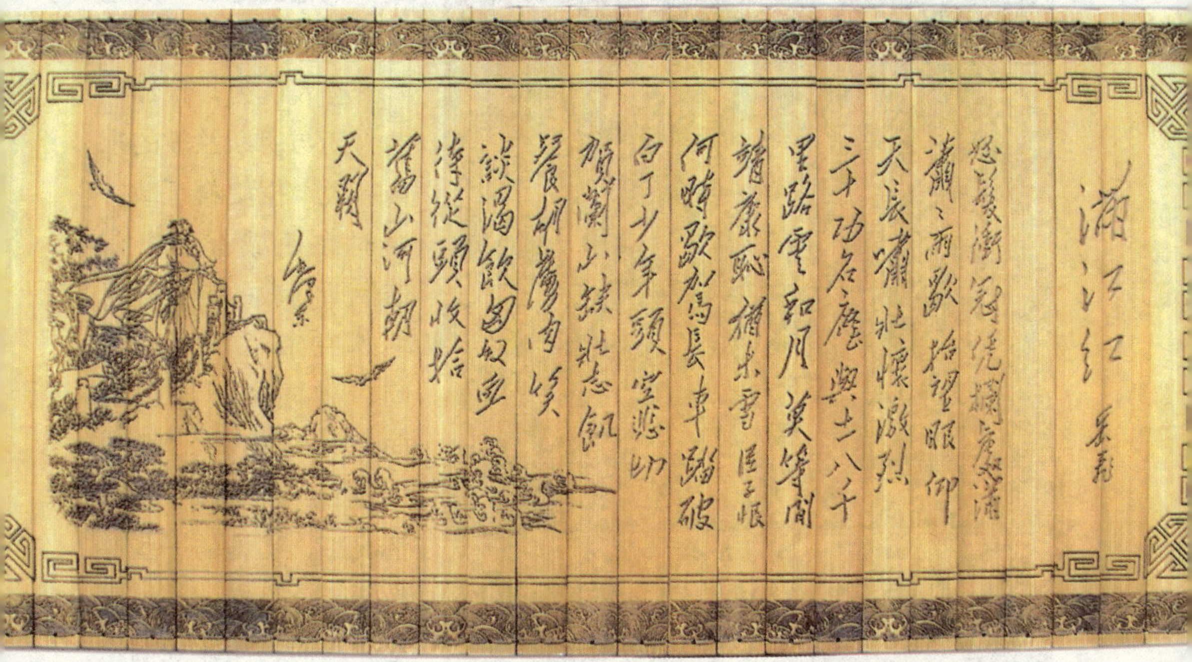

敦煌藏经洞之谜

敦煌藏经洞是莫高窟的第17洞,在这里曾出土了5万多卷佛教经书。对于藏经洞封于何时,为何封洞人们有许多猜测。

法国学者伯希是最早入洞的外国人,他认为封洞时间是在北宋初年,其根据是卷本所题年号的下限。

有人认为,藏经洞的封闭与伊斯兰教的东传有关。据史料记载,当时在西域有一个信奉伊斯兰教的哈拉汗王朝,在宋哲宗绍圣年间,曾向宋朝提出要向东攻打西夏,得到宋朝的赞许。在这种情况下,当地的一些佛教徒十分恐慌,纷纷内迁,因而封闭藏经洞,

◆ 藏经洞

对这些佛经进行保护。所以，封洞时间应当在宋哲宗绍圣（1094—1098）年间。

此外，还有宋仁宗皇佑（1049—1053）年间封闭、宋

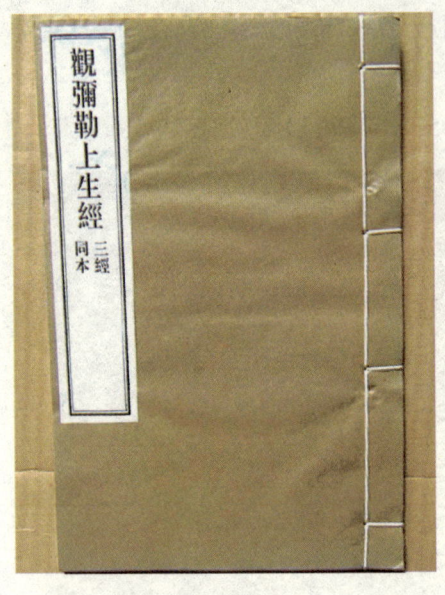

◆ 敦煌

真宗咸平（公元998-1003）年间封闭、元代初年封闭、元末明初封闭等多种说法。除此之外，学者们还提出了一些与藏经洞有直接关系的问题。如洞内所藏经卷大多为残卷断章；还夹杂着不少伪经、抄错的废卷以及一些作废或过时的契约文书。令人们困惑不解的是为什么要收藏这些东西？如果仅仅为了避难，这里怎么不藏点有价值的东西？比如当时的曹氏政权从朝廷得到的金银字《大藏经》以及锦袱包裹、金字题头的《大般若经》。这些价值

连城的东西在藏经洞里一件也没有。因此有人认为，为了尊佛，人们把抄写破损的佛经也收藏起来，不许乱扔；或是因为当时的曹氏政权有了比较完整的佛经之后，便对以前所藏图书进行清点，将无用的残卷、文书、废纸等都存入一个较小的不太重要的洞里，时间久了，便被人们遗忘了。也有人认为，藏经洞是由一个书库改造成的。大约在三千年以前，折页式的刊本经卷传入敦煌，于是人们就将那些用起来不方便的卷轴式佛经和分散的杂物一并封入石窟。

但是关于藏经洞的封闭时间和封闭原因等问题，至今没有一个科学的结论，至今还是一个未解之谜。相信不久的将来，这些谜底终将被科学家们一一揭开。

揭开千年辽墓的神秘面纱

◆ 辽墓

这位不足20岁的辽代少女是谁?为什么会早逝?是否正常死亡?她腹中的水银是有人蓄意而为,还是为了保存尸体?

2003年,内蒙古通辽市科左后旗吐尔基山采石场进行采石爆破时,偶然发现一古墓……

彩棺中丰厚的随葬品

　　根据骨骼形态和发髻证实墓主是一位不到20岁的少女。其随葬品有铜器、银器、金器、漆器、木器、马具、玻璃器以及丝织品等，应有尽有。

墓主人到底是谁？

随葬品虽然丰厚，但没有墓志铭记录其生平，根据出土的珍贵文物看，墓主人身份应与舞乐神职有关，其显贵，肯定是个贵族。但作为神职人员，在辽代必须是具有一定资历和威望的人担任，而这仅是一位年龄不足20岁的女子。

墓主人腹中水银之谜

从辽墓建筑看，显然建造得很仓促，墓葬简单得似乎与墓主人身份不符，这说明墓主人是非正常死亡。考古人员清理葬品和尸骨后发现，墓主人面孔、骨架、指甲发黑，在腹腔部位发现大量滚动的水银。这水银是吞食进去的，还是因为其他突发疾病猝死，为保存尸体灌进去的，目前还是个谜。

·最·不·可·思·议·的·四·大·文·明·古·国·

二、高度文明的古埃及文明

古代埃及文明的起源之谜

埃及文明的起源和尼罗河有着非同一般的关系,这些最早的国家都是分布在尼罗河流域。

从地理环境来看,埃及的全境几乎都处在沙漠地带,尼罗河从南到北像一条绿色丝带贯穿其间,因此尼罗河便成了埃及的母亲之河,埃及文明便成了"尼罗河的赠礼"。尼罗河发源于非洲内陆赤道地区,全长6648千米,在埃及地段有1000千米,属于它的下游。这一带河谷宽度只有15~25千米,它是河水滋润的绿洲,在它之外便是一望无际的黄色沙漠;在入海口处,尼罗河形成较宽的三角洲。历史上一般把南部约800千米的狭长河谷地带称为上埃及,北部靠近三角洲的地带称为下埃及。尼罗河不仅为炎热干旱,而且由于它每年一次的河水泛滥带来的大量肥沃的淤

高度文明的古埃及文明

泥，是古代农业生产的天然肥料，所以河谷地带就成了古代著名的粮仓。此外，尼罗河每年都泛滥，而且每年的泛滥都准时来准时去，这也为埃及古代文明较早创建水利灌溉和制定历法提供了较大的方便。在出现早期国家后，由于整个埃及仅靠一条尼罗河上下贯通，各地的联络与水利皆有促进统一的趋势，因此埃及全境的统一较早实现，保持统一也最有利于文明的发展。

埃及除北临地中海外，其他三面皆为沙漠环绕，从地理位置来说，它是相对孤立的，陆路与外界联系的重要通道是它东北面沿地中海至西亚的一线，因此，埃及古代文明在其持续的三千年间较少受到外族的入侵和民族迁移的影响，始终是一个有着自己特色文化的国家与民族。

史前埃及之谜

社会的不断进步，令一切的不可能成为可能。埃及学的开创者们最初不相信埃及真存在过旧石器时代的文化，这毫不奇怪。当尼罗河河谷发

掘出第一批石器的时候,考古学家弗林德斯·皮特里爵士就毫不犹豫地把它们归入王朝时代的遗物。博学、优雅的考古学家马斯佩罗则把埃及新石器时代的陶器推断为中王国时期的产品。不过,考古学家德摩尔根于1895年证明了埃及存在连续的旧石器文化,他把沿尼罗河发现的石斧、鱼叉、箭头及槌子基本上按欧洲的次序排列了出来。令人惊奇的是,旧石器遗存向新石器遗存过渡的那个文化层,据测年代在公元前10 000年至前4000年间。新石器时代的石器制作更为精致,有些工具造型优美,表面光滑细腻,所达到的水平,是其他新石器文化所不能比拟的。石器时代末期,开始出现金属工具,如花瓶、铜凿、铜钉、金器、银器等。

在历史过渡时期,农业开始出现。1901年,在巴达里(介于开罗与卡尔纳克之间的一个小镇)附近,发掘出一批尸体,死者两旁,均放着一些器具。据测,此墓葬年代约为公元前4000年。因墓葬所在地皆为干燥沙地,尸体都六千年了而未腐烂。解剖后,人们发现死者肠胃中有仍未消化的大麦壳。可

见大麦此时在埃及已经改良,不难推断巴达里人已会种植植物。从那个时代开始,尼罗河的居民即从事灌溉、斩荆棘、修沟渠、清沼泽等工作,为埃及文明奠定了坚实的基础。

根据已发现的种种遗物,那时埃及的文化,半属渔猎,半属农耕。所使用的工具,已开始有金属器,但石器时代仍未结束。人们已学会制造船只、种植谷物、饲养家畜、编织麻布和地毯,也已知道穿戴金银、使用香水、理发化妆。绘画也于此时萌芽,所绘图案有许多为渔猎情景。

小穗　植株下部　花序

他们还在陶器上画举哀的妇女形象、动物和人体图像及几何图案。雕刻方面,手艺熟练,其精品有埃尔阿拉克的匕首等。并且已有图形文字和苏美尔风格的圆形印章。

埃及人从何而来,不得而知。各种猜测中,最有可能的是他们系由努比亚、埃塞俄比亚、利比亚的土著和自西亚迁入的塞姆族人融合而成,他们或为和平移住,或为武装侵入。由于长时期与当地种族互相通婚,逐渐融合。在公元前4000～前3000年间,这些人形成了一个新的民族,而埃及古代文明也由此诞生并发展。

前王朝时期

第一王朝首次实现了埃及全国的统一,令上下埃及都在一个王朝的统一之下。在此之前,埃及还有四百年各小国发展与兼并、联合的历史,称为前王朝,这是埃及文明的起源阶段。从考古材料看,这时属于格尔塞文化(亦称涅伽达Ⅱ期文化),上埃及已有一个较大的城市,它就是涅伽达,较后又形成一个更大的中心,名叫希拉康波里;在此时期之末(约在公元前3200年),涅伽达突然衰败,而希拉康波里却日见发展,很可能它已把涅伽达吞并而成为南部(上埃及)的首府,这时北部也有各小国服从一个大国的趋势,最后希拉康波里又北上而吞并下埃及,于是上下埃及统一,建立了第一王朝,首都也迁到上下埃及交接处的孟斐斯,希拉康波里作为王朝发源地仍具有重要的地位。

高度文明的古埃及文明

考古学家已从希拉波康里发掘到丰富的文物。这时已有象形文字，用铜制作的刀斧锛钻等工具和匕首、枪矛等武器，还有金银工艺品；尼罗河的开发已具有一定的规模，河上舟楫通行，两岸水渠纵横。希拉康波里的一件后期文物上正面刻有国王戴着王冠的图画，背面则是国王戴着下埃及王冠的图画。这足以说明当时的埃及是一个统一的大国。

◆ 古埃及法老匕首

破解古埃及浮雕后的演进玄机

古埃及人一直是考古学家的研究对象。这个文明古国至今仍有不少未能解开的谜团，让人们拭目以待。

庙宇浮雕之谜

除了金字塔之外，古埃及还有很多庙宇，它除了有祈福的用途之外，还具有浓厚的政治色彩。祭师除了是宗教领袖之外，还参与政治上的一些决策。古埃及无疑是一个政教合一的部族。

古埃及的外星人之谜

在3000年前的古埃及浮雕之上，竟然有先进的飞机图案出现。这些不规则的图案，可能是当地人记载见闻的方法之一。1979年，英籍考古学家韦斯在埃及东北部一个荒芜沙漠中，发现一所古庙遗址，起初他只将其视为废弃庙宇看待。不过，当韦斯细看庙宇的壁画时，却在其中一处浮雕壁画中，发现一个奇怪现象，就是看见与现今飞机形状极其相同的浮雕以及一系列类似飞行物体。

研究外星人的学者一直相信，远古的高度文明，是由外星人传来的。类似传言，在阿特兰提斯与玛雅文明等，都不绝于耳。古埃及人是否曾经接触过外星人，虽然暂时不可妄下定论，但是对古埃及这个注重历史与教育的民族而言，如果真的接触过外星文明，断无可能在相关资料中找不到任何记载的。

在这个庙宇发现的浮雕中，至少有3、4个飞行物，与今日的飞机形状极为相同。飞机在19世纪才被发明，但竟然在3 000年前古埃及的壁画中出现，科学家至今对此都无法解释。

外星人是否降临过古埃及

虽然科学家历来对古埃及文明的研究都不遗余力,但所知依然有限。在世界历史中,不少远古民族在发展语言和文字之初,均以壁画记载历史或表达某些经文。出现在庙宇中的浮雕,可能不过是古埃及人用以记载某一件事或表达某一种意思而已。

这个图案状似潜艇或飞船,但3000年前的人可以预计得到今日的文明产物吗?

当然,从今日的角度来看,这些庙宇浮雕与今日的飞机形状相似,不过在3000年前,即使同意外星文明曾经降临过古埃及,当时的人亦未必有直升机和潜艇这些概念。也许古埃及庙宇的浮雕,就好像其他寓言一样,只是后世强将历史穿凿附会地加诸其上。

◆ 外星人

古埃及人的超现实意念

很难断定3000年前的古埃及人,是否看过直升机、潜艇或其他飞行物体,但即使外星人真的降临过,亦不可能产生出这种概念。这些壁画可能只是一种当地语言或图像。不能抹煞的是,近代人也可以想出不少先进或超现实的意念,慢慢亦真的逐步成形。由此可见,拥有高度文明的古埃及人,也会有类似的情况。

千年金字塔的未解之谜

打开门后的秘密

在1872年,进入胡夫金字塔的考古学家们在王后墓室的两条通道前止步——51.6平方厘米的道口。但有了机器人——这个"金字塔漫游者",就可以打开门后的秘密。

高度文明的古埃及文明

法老诅咒在显灵

公元前18世纪去世的图坦卡蒙法老的陵墓入口处写着一行字：任何盗墓者都将遭到法老的诅咒！胡夫金字塔上也有可怕的宣言：谁搔扰了法老的安宁，死神将降临在他头上。

英国学者柯纳沃在挖掘图坦卡蒙法老陵墓时死去，当年和他一起工作过的25人中先后又有7人死亡。参观该陵墓的一游客也因落水而亡。给木乃伊拍照的记者也突然休克死去……在陵墓发掘后3年多时间，先后有22

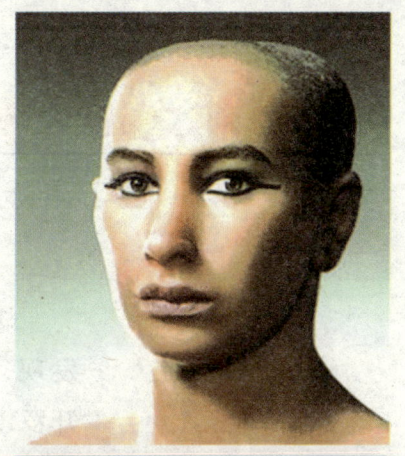

名有关人员神秘死亡。

真的是法老的诅咒在显灵吗？

专家解释说："木乃伊体内有一种病毒，具有较大的危害性，这种病毒能导致人呼吸系统发炎，最后因呼吸困难而亡。

石料之谜

胡夫的金字塔约用230万块巨石砌成。研究发现,这种石块不是产自开罗附近,而是产于开罗以南700多千米的阿斯旺地区,古埃及人用船把这些巨大的石料一块一块地运到这里。

但工匠们是如何把这些巨石垒砌成金字塔的呢?一种普遍推断是工匠利用斜坡把石块运送到金字塔上面。另一种说法是以石料块为起点建一个直线斜坡延伸到金字塔脚下,然后在金字塔边周围盘旋,并随金字塔提高而上升,直到顶部。这样的斜坡重量由金字塔周围土地支撑,而不是建筑物本身。石料加工好后,沿着斜坡运送到金字塔顶部。

吉萨惨案的谜中之谜

1998年7月的一天，一些游人们在吉萨的狮身人面像前拍照留影。突然从一辆急驶而至的卡车上跳下来一群手持卡宾枪的男人，随着一阵密急的扫射，游人们来不及做出任何反应，便全部倒在了血泊之中。而这群歹徒在警车赶来之前就登上卡车，仓皇逃跑了，只给人们留下一段充满血腥的恐怖记忆和一个噩梦般的故事。警察署立即着手调查这起暴力事件的肇事者。但经过半年的努力仍然一无所获，仿佛这群杀手是从地狱中钻出来的一般。

最不可思议的四大文明古国
ZUIBUKESIYIDESIDAWENMINGGUGUO

从现场调查发现，这些死者来自世界各地，并没有特别反对某些国家或组织的迹象。特别奇怪的是，每个死者都被歹徒们剜去了右眼，似乎在给我们传达着这样一个信息：他们看见了不该看见的东西？狮身人面像究竟隐藏着什么样的秘密，会给这些无辜的游人带来如此惨烈的杀身之祸呢？狮身人面像本身的存在究竟又意味着什么呢？这有待于科学家的进一步考证。

哈尔夫的重大发现

40多年前，芝加哥大学的哈尔夫教授突然对几张狮身人面像的照片产生了浓厚的兴趣。

因为在这座狮身人面像的表面，有许多很深的沟壑，它们全都横行排列，一层层覆在狮身人面像的表面，使这座古老的石雕显得更加苍老和神秘。人们普遍认为，这一奇特现象的产生，是因为古埃及地区干燥的气候和强烈的沙漠风暴使狮身人面像受到了风化。一直以来，无论是正统的古埃及学研究者，还是到此做过实地考察的各类专家，都对这一解释深信不疑。而且谁也没有怀疑过建造这一石像的真

实目的。

更令人吃惊的是，对于为什么采用人头、狮身、牛尾、鹰翅这种奇特的合体方式，没有人能够做出令人信服的解释。

哈尔夫之死又留谜团

哈尔夫教授不是一个古埃及学家，甚至对考古学也一窍不通。让他感兴趣的，是覆在狮身人面像表面的沟壑。哈尔夫教授久久地凝视着这张照片，最后用肯定的语气说："这些沟壑是因雨水冲刷而形成的。"

作为气象地质学的研究专家，哈尔夫教授在侵蚀和风化的研究领域有着很深的造诣。即便如此，他仍然被自己所下的这一结论惊呆了。

哈尔夫教授决定亲自前往实地进行考察。他带着几名助手迅速飞往狮身人面像所在地——埃及最著名的观光区吉萨。那里不仅有狮身人面像，同时还有举世闻名的金字塔群落等一系列在古埃及第三王朝全盛时期留下来的大量古代遗迹。经过一系列细致而严谨的考察和取样分析，哈尔夫教授最终证实了自己的判断。他立即向世人宣布，狮身人面

像上面的沟壑是因雨水冲刷而形成的，而绝非如传统的考古学者们认为的那样，是因风沙侵蚀而形成。

当哈尔夫教授的这一研究成果发表在当年的世界学术年刊上后，立即招致了大批古埃及学者的强烈不满，许多研究者对此一片哗然。

古埃及学者们强调：在哈夫拉王建造金字塔和狮身人面像的年代，埃及的气候已十分干燥，不可能有终年丰富的降雨，更不可能有雨水侵蚀石像的现象发生。而且，对于一个对古埃及学一无所知的人而言，他的任何关于狮身人面像的论证都是可以置之不理的。

由于哈尔夫教授的请求不被人们理睬，教授非常痛苦绝望，以致于精神失常，在郁闷中结束了自己的一生，又给人们留下了一个谜团。

众说纷纭的通道之谜

　　皇后墓室中的这两条通道是做什么用的？不同的人有不同的想法。莫衷一是。

　　说法一：空气和水的通道说。但提出不久就被否定了，因为通道一端是封闭的。

　　说法二：星光隧道说。两条通

道的末端直指向天狼星和猎户星座，而位于吉萨高原地区的3座金字塔在构造上刻意模仿了这3颗星排列位置。

说法三：灵魂通道说。目的是为了让法老的灵魂能够从此处穿过并走向天堂。

说法四：外星人的出入口。

最·不·可·思·议·的·四·大·文·明·古·国

三、梦幻般的古代巴比伦文明

古巴比伦的数学成就

考古学家在19世纪上半叶于美索不达米亚挖掘出大约50万块刻有楔形文字、跨跃巴比伦许多历史时期的泥书板。其中有近400块被鉴定为载有数字表和一批数学问题的纯数学书板，现在关于巴比伦的数学知识就源于这些原始文献。

算术

古代巴比伦人是具有高度计算技巧的计算家，其计算程序是借助乘法表、倒数表、平方表、立方表等数表来实现的。巴比伦人书写数字的方法，更值得我们注意。他们引入了以60为基底的位值制（60进制），希腊人、欧洲人直到16世纪亦将这系统运用于数学计算和天文学计算中，直至现在60进制仍被应用于角度、时间等记录上。

360° 全景探秘
梦幻般的
古代巴比伦文明

代数

巴比伦人有丰富的代数知识，许多泥书板中载有一次和二次方程的问题，他们解二次方程的过程与今天的配方法、公式法一致。此外，他们还讨论了某些三次方程和含多个未知量的线性方程组问题。

在公元前1900—前1600年间的一块泥板上（普林顿322号）记录了一个数表，经研究发现，其中有两组数分别是边长为整

a	b	c	α	β
120	119	169	12	5
3456	3367	4825	64	27
4800	4601	6649	75	32
13500	12709	18541	125	54
72	65	97	9	4
360	319	481	20	9
2700	2291	3541	54	25
960	799	1249	32	15
600	481	769	25	12
6480	4961	8161	81	40
60	45	75	2	1
2400	1679	2929	48	25
240	161	289	15	8
2700	1771	3229	50	27
90	56	106	9	5

数的直角三角形斜边边长和一个直角边边长，由此推出另一个直角边边长，亦即得出不定方程 $x^2 + y^2 = z^2$ 的整数解。

几何

巴比伦的几何学与实际测量是有密切的联系。他们已有相似三角形之对应边成比例的知识，会计算简单平面图形的面积和简单立体体积。我们现在把圆周分为360等分，也应归功于古代巴比伦人。

巴比伦几何学的主要特征更在于它的代数性质。例如，涉

梦幻般的古代巴比伦文明

及平行于直角三角形一条边的横截线问题引出了二次方程；讨论棱锥的平头截体的体积时出现了三次方程。

古巴比伦的数学成就在早期文明中达到了极高的水平，但积累的知识仅仅是观察和经验的结果，至于理论上的依据，有待于专家们的进一步研究和考证。

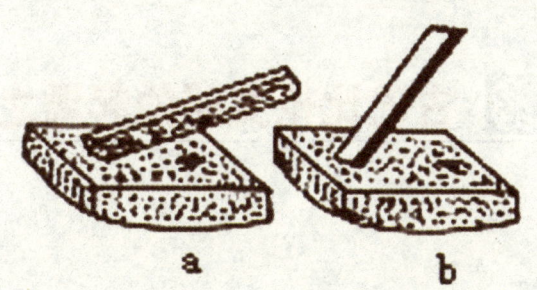

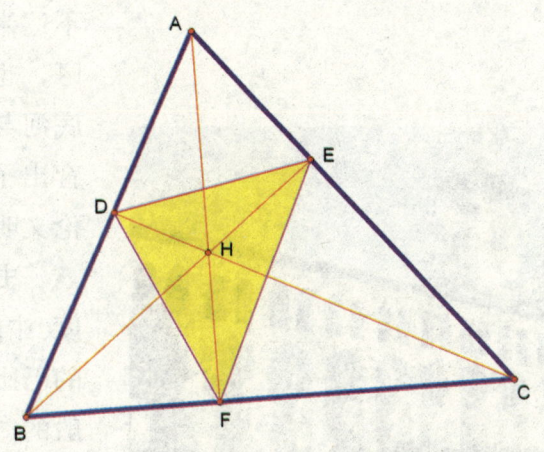

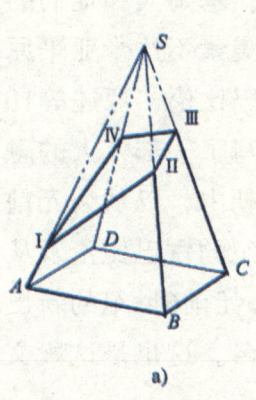

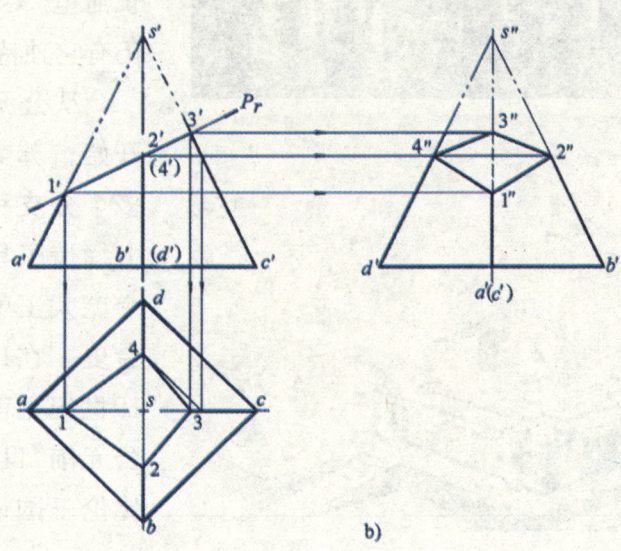

古巴比伦文明的起源之谜

在遥远的古代文明史上，美索不达米亚指的是著名的两河流域地区，也就是今日的伊拉克。幼发拉底河与底格里斯河融汇于此，并孕育出了一个伟大的文明——古巴比伦文明。

史学界公认为：与古埃及、古印度、中国并称为世界四大最古老文明的巴比伦，早已和它那传说中如梦幻般的"空中花园"一起消逝在历史的长河里。尽管如此，这片古老的土地仍有它独特的、神奇的魅力。

从公元前3000年的苏美尔文明开始，苏美尔人、塞姆人和他们的多个分支种族在美索不达米亚平原上缔造了乌尔、巴比伦、亚述等10个庞大王朝，抒写了一部伟大的融合史。在10个王朝中，以从公元前19世纪至前10世纪的古巴比伦及从公元前7世纪至公元前6世纪的新巴比伦王国最为著名。这也是这段文

梦幻般的古代巴比伦文明

明被泛称为巴比伦文明的原因。

从苏美尔时期开始,这里就是一片创造神奇的土地。苏美尔文明的首要成就是在这里创造了世界上最早的文字——楔形文字体系。由于当地的书写工具主要是泥版和苇笔,在微湿的泥版上写时笔画总是开头粗大如三角形,拖尾却如细线,像一个楔子,故称楔形文字。一般都是把它刻在石板和泥板上,因此又被称为"不朽的文字";它既有象形也有标音作用。因此,后来的各个西亚文明都用它形成自己的文字。它在历史上的影响是巨大的。

古巴比伦的第六位国王汉穆腊比制定的《汉穆腊比法典》是世界上最早的成文法;还有众多个人类第一:历史上第一个村落,第一座城市,最早的车、船……

巴比伦文明的突然湮灭至今仍是一个未解之谜。人们只知道,公元前538年波斯人占领此地后,这个历尽战火铁蹄践踏的两河文明就突然衰落了。而据美国考古学家加科布森的观点:除了外部新兴文明的征服和取代外,过度的农业开发恶

最不可思议的四大文明古国
ZUIBUKESIYIDESIDAWENMINGGUGUO

化了原本就不足的生态环境，随农业灌溉而来的土地盐碱化问题的日益严重，并最终导致了大批城市的被迫放弃，而之后，两河流域文明渐渐衰落。巴比伦文明对人类的贡献虽然不及埃及，深刻多样不及印度，成熟精巧不及中国，但是它的许多动人的神话故事，经犹太人的艺术加工成了欧洲宗教知识不可分割的一部分。巴比伦从他们的城邦向罗马和近代欧洲输入了数学、天文学、医学、语法、考古、哲学等基础知识，许多星座、度量衡、乐器的名称是由希腊人从巴比伦文翻译或转写过来的。虽然希腊人的建筑在形式和精神方面多受埃及和克

梦幻般的古代巴比伦文明

◆ 楔形文字

里特的影响,但是穆斯林的清真寺、欧洲中世纪教堂的尖顶和钟楼、当代美国的"后退式"建筑均系起源于巴比伦的塔楼。巴比伦文明,经由亚述的征服和对巴比伦文化的改造,经由波斯与希腊所带来的文明以及与小亚西亚的交流,业已形成为人类不可分割的一部分。在古代文明史上,它是不可替代的、不可磨灭的。

古巴比伦文明湮灭之谜

史学界公认，古埃及、古印度、中国、古巴比伦并称为四大文明古国。但古巴比伦文明早已和它那传说中如梦般的"空中花园"一起消逝在历史的长河中了。

古巴比伦的湮灭至今仍是未解之谜，人们只知道公元前538年波斯人占领此地后，这个历尽战火铁蹄践踏的两河文明就突然衰落了。而美国专家认为除了外部新兴文明的征服取代外，过度农业开发恶化了生态，于是渐渐地，两河流域文明衰落了。但在古代文明史上它是不可替代的，不可磨灭的。

梦幻般的
古代巴比伦文明

 古巴比伦王国遗址之谜

在巴格达东南90千米左右,是"新巴比伦时期"的王国遗址。著名的"空中花园"和通天塔——"巴贝尔塔"都曾屹立在这片土地上。自近代以来,这片传说中的土地曾经引起了整个西方的极大兴趣,以致无数的探险家都来这里寻觅巴比伦的足迹。直到1899年,德国的考古者们才终于

360°全景探秘 >>>>
最不可思议的四大文明古国

发现了这片古代城市的遗址——湮没于沙尘之下数千年的古老文明,终于得以重见天日。

巴比伦文明的遗迹并非只有巴比伦首都一处。在乌尔,就有苏美尔王朝的"赤塔"屹立千年。"赤塔"是乌尔国王献给月神的神殿,始建于公元前2100年,是一座由泥砖块垒起来的3层式塔庙。走近这座古神殿,最让人感慨的是,虽饱经了千年的风沙,但如今在它身上仍可看见刻满了楔形文字的砖块,令人顿感一种文化承载的厚重。

亚述的两个古都尼尼微和尼姆

德也都位于今伊拉克境内。其中在尼尼微的遗迹里，发现了30 000块记载着亚述历史的黏土板。在这些古老的土板上，有着世人瞩目的关于诺亚方舟和大洪水的记载。尼姆德有着古老的宫殿遗址。宫殿门口的狮身人面像和里面石板上的浮雕向人们展示着它曾有过的辉煌和神秘。

巴比伦的通天塔之谜

5000多年前的无比壮丽的巴比通天塔,堪与埃及的金字塔相媲美。塔的长与宽各约91米,用巨石筑成7层台阶,一层垒叠一层,一阶高出一阶,高度近百米,在高耸入云的顶上,还有宏伟的庙宇。据说,它是天上诸神去往凡间

梦幻般的古代巴比伦文明

住处所途中的脚踏处,称得上为天路的"驿站"或"旅店"。

5000多年以前,世界各民族还处于茹毛饮血的蒙昧时代,巴比伦屹立起如此气势磅礴、巍峨雄伟的通天塔,不能不令人叹为观止。但通天塔在经历过多次洗劫后,也只留下一片废墟。巴比通天塔既是世界上著名的古代奇迹,也是一个难以译解的谜团。

被淹没的伊甸园

漫长的炎炎夏季笼罩着荒漠中的千百个土丘,风沙在无尽的岁月里吹拂着它们,沙漠的无边孤寂令人感到这里已走到了时间和世界的尽头。如果没有17世纪以来西方对这些土丘进行的考古发现,当地的居民至今也不会知道,在50个世纪以前,这里的另一个民族已经学会制造芦苇的船只,在同一条河畔供奉着另一些神祇。那一段被称做"巴比伦文明"的灿烂

梦幻般的古代巴比伦文明

文化奏响了人类古代文明交响乐的最高潮，它以强大的武力和奇迹般的城市文明使周遭的国度顶礼膜拜，它繁荣的古代商业城市，令许多学者坚信，伊拉克南

部的苏美尔城市库尔腊就是《圣经》中叙述的天堂所在——伊甸园。

美国学者克莱默将他关于巴比伦文明的

最不可思议的四大文明古国
ZUIBUKESIYIDESIDAWENMINGGUGUO

史学著作命名为《历史从苏美尔开始》，对于现代的小学生们来说，幼发拉底和底格里斯河确实是大多数历史和地理课本的开篇。克莱默在书中列举了苏美尔文明在人类史上的27个第一，其实如果认真计算起来，也许100个也不止。在这片土地上，创造出历史上第一个农业村落、第一座城市，发明出最早的车、船和文字，最早学会制作面包和酿造酒。这些历史难以置信地沉

梦幻般的古代巴比伦文明

埋于沙丘之中,使巴比伦终于成为一段死去的文明,但一些史学家坚信,被湮没的两河流域文明先于古埃及文明文化,同时,带动了古埃及文明文化,现代西方文化的许多脉络虽然来自希腊、罗马,但后者的源头还是古代西亚这一文明的摇篮。

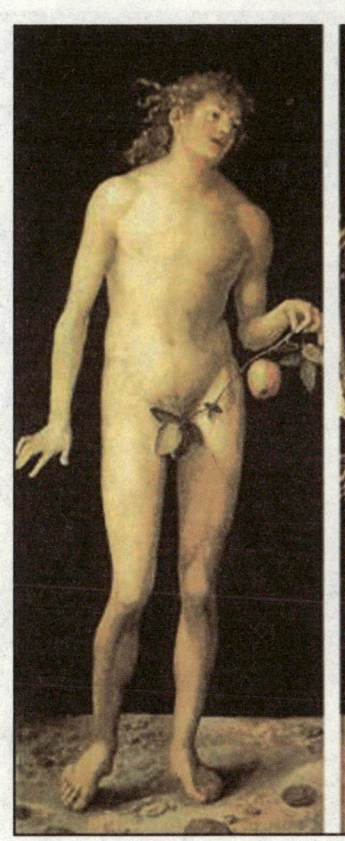

汉穆腊比王朝之谜

巴比伦帝国共有10个王朝,最前和最后的两个最为著名,它们分别是由塞姆语的阿摩利和迦勒底两个不同的分支所创立,同样以强大与辉煌名垂青史。古巴比伦以《汉穆腊比法典》为人所知,而新

梦幻般的古代巴比伦文明

巴比伦则以传说中的世界奇迹——空中花园和巴比伦塔而著称。古巴比伦时代是两河流域文明的黄金时代,巴比伦帝国的结束同它的开端一样是个难解的谜。

在新苏美尔人所建立的帝国接替阿卡德人之后,北方兴起的古巴比伦城邦开始与墨守苏美尔旧制的南方王朝拉尔萨对峙。古巴比伦的第6位国王汉穆腊比登上王位时,在中原地区,拉尔萨的老国王的势力明显强于年轻的汉穆腊比。然而,雄才大略的青年元帅利用巴比伦有利的地势,对

各强国采取远交近攻的战略,遏制住拉尔萨的上升势头。他挟五世之余威,经三十年的运筹和戎马辛劳,终于一统天下。西从幼发拉底河上游、东到底格里斯河下游的巴比伦地区和亚述地区的数十个小国全部臣服于"四方之王"汉穆腊比。

统一天下仅5年后,年迈的汉穆腊比死去,在位43年。汉穆腊比在巴比伦建立了君权神授的中央集权制并颁布了永垂青史的《汉穆腊比法典》,它是两河流域法律制度的代表作,并用典雅的古阿卡德楔

360°全景探秘

梦幻般的古代巴比伦文明

◆ 巴比塔

形文字刻在黑闪长岩石碑上。

汉穆腊比时期，人们兴建起豪华宏伟的宫殿、巍峨壮丽的神庙、横跨幼发拉底的大桥，派遣海上的运输商队，开凿运河。巴比伦王朝这时控制的版图超过了历史上任何王朝的最大版图，巴比伦城成为世界性的大都会。

约在公元前1595年前后，巴比伦王国由盛而衰，巴比伦军队连遭败绩，导致首都被野蛮的赫梯人攻陷。赫梯人把大批俘虏和财宝包括主神马尔杜克的金像掠走。加喜特王朝第十王阿古姆第一和赫梯人达成协议，从其手中接管了巴比伦，在两河流域建立了新王朝。

7 最不可思议的四大文明古国

在两河流域的北部的第一个亚述帝国曾与古巴比伦同盟结好。前文所述的法国人鲍塔在1843年最先发掘出的遗迹尼尼微在现在的摩苏尔一带。

尼布甲尼撒之谜

新巴比伦史册中最为熠熠闪光的名字就是尼布甲尼撒——英勇善战、屡立战功的王太子和威严神圣的君主,圣经传说中的触犯天意、建造巴比伦通天塔的人。

在《圣经》和其他犹太人、希腊人的记述中,尼布甲尼撒以一个世界上最壮美城市的建设者的形象出现,他在毁于多年战火的巴比伦废墟上集全国的人力财力兴建了一个新的

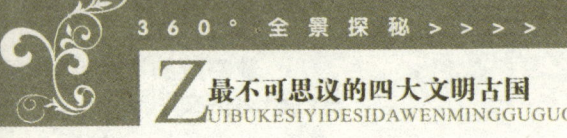

最不可思议的四大文明古国

巴比伦,并使全世界的朝拜者匍匐在它脚下。一些传说认为尼布甲尼撒为取悦他的妻子而建设了空前绝后的空中花园。整个花园搭建成层层叠叠的阶梯形,种满奇花异草,从远方望去如同悬浮在空中。但令人怀疑的是史料和考古依据都没有记载这一空中花园,它很可能是尼尼微亚述王家林苑的误传。但无论如何,尼布甲尼撒拥有一个占地约850公倾的庞大城市,360座塔楼和内外5重城墙环绕着它,一座由5座石墩支撑的大桥横跨城中的幼发拉底河。这座传说拥有100个城门的

巴比伦城被人们称为"百门之城"（其实巴比伦词义为"神之门"）。它的北门——伊什塔尔门的表面镶嵌装饰是由彩釉瓷砖组成的各种神兽浮雕图案。正对它的是整座城市的中轴线，用沥青铺成的中央大道比任何一条罗马大道都要宽阔。

很难想象这样一幅精美的画卷如何会突然湮灭，人们只知道，公元前538年波斯人的占领标志着两河文明的突然衰落。而《圣经》中的有关记载说，是巴

最不可思议的四大文明古国

比伦人想要建造的通天塔引发了耶和华的嫉妒,他使人们讲各种不同的语言而无法交流,使建塔工程突然中断。巴比伦塔实际上是后人对巴比伦城中高大的7层塔庙的讹传。另一种是希罗多德根据民间流行的玄虚说法,认为巴比伦流行的神妓制度打乱了人们的伦理。然而,他讲述的巴比伦妓女居住于神殿当中,她们的职业被当时的人们认为是神圣的,但这些故事并无任何历史证据。

众神国土上的艺术之谜

神在两河流域人们的社会生活中扮演了极其重要的角色。从无处不在的各种庙宇的兴建，到文学作品的方方面面，无一不被打上了很深的宗教烙印。上至国王，下至奴隶，人们无一不受到神的支配。因此古代两河流域日常社会生活的宗教思想同样也影响了古代两河流域的艺术。

两河流域最重要的艺术形式是石雕、浮雕艺术等。由于这类艺术品容易存留下来,所以,我们对两河流域雕刻艺术的了解主要来自出土的石雕、浮雕艺术品。

如今这些精美绝伦的艺术品在西方的大英博物馆、卢浮宫和美国的大都会博物馆等地重见天日,让一睹它风采的人们感怀万千。而当我们面对

它们时则不禁感叹：地球上恐怕没有哪一个地方像两河流域地区那样屡遭战争的蹂躏，在新巴比伦灭亡后，它又经过了波斯帝国、希腊人的马其顿帝国和塞琉古帝国、伊朗的帕提亚帝国、拉丁语的罗马帝国和希腊语的拜占庭帝国、赛姆语的阿拉伯帝国、阿尔泰—通古斯语的蒙古伊利汗帝国、突厥语的奥斯曼土耳其帝国和西方的不列颠帝

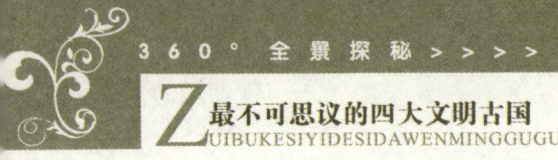

国的多次易手，最终成为以阿拉伯民族为主的独立国家。

沧海桑田期间，两河流域的土地上产生了无数的城市废墟。现在，沙漠和战争仍然是这片土地上最鲜明的主题。千年文明的断层和古代天堂的失落，使得它更具有悲剧色彩的庄严美丽。希望终有一日，人们能比现在更深刻地理解它的内涵，揭开它留给后人的千年之谜。

◆ 帕提亚王国帕特拉

梦幻般的
古代巴比伦文明

惊险奇幻的花园城市——巴格达

声名远播的巴格达不仅仅是现在伊拉克的首都，它作为阿拉伯帝国的都城，已有1200多年的历史，可称是"千年帝都"。而若追溯到成为帝都前的历史，那么从古老的巴比伦重镇算到今日，巴格达已经历经了4千多年的风霜。

横跨底格里斯河两岸的巴格达不仅是伊拉克的第一大城，也是阿拉伯世界的第一大城。巴格达的名字在阿拉伯语中的意思是"神赐给的地方"。巴格达有着众多的雅号，其中最值得一提的自然是"一千零一夜之城"。中国人耳熟能详的阿拉伯古典文学名著《一千零一夜》里，那富丽堂皇的宫廷府邸、美丽如画的城郭庭园、奇妙惊险的幻境以及浓郁的风土人情，都曾在这座古老的城市里留下一个又一个神奇传说。即便是在今

最不可思议的四大文明古国

天，巴格达市内仍有着以阿里巴巴命名的广场，而屹立在街头的众多故事人物雕塑也在向游人展示着那千年前的奇幻气息。

现在的巴格达是一座方圆860平方千米、拥有530多万人口的现代化城市，是伊拉克最大的城市和交通、商业与文化中心。巴格达城供游客观光的地方比比皆是。比如建于1227年的穆斯坦西里亚大学是世界上最古老的大学之一；竖立着阿拉伯历史名人大型系列雕像的统一公园、面积辽阔的祖拉公园和月亮公园等都是游客们观光的好去处。最吸引游客的要数祖拉公园里的一座模拟巴比伦遗址的"空中花园"。这座"花园"建筑在高台上，在浓密的花草树木丛中，古香古色的房屋、宫室、石阶、墙垣等时隐时现，远远望去，整个"花园"宛如漂浮在空中一样，仿佛那座被誉为世界著名的七大古建筑奇迹之一的巴比伦"空中花园"再现人间，让许多观光者心旷神怡、流连忘返。

梦幻般的
古代巴比伦文明

海底鱼人之谜

关于古巴比伦海底鱼人的传说，几乎所有苏美尔人都能描述："大海中曾生活着一种半鱼半人的水下怪族，这些鱼人在一个叫欧安的首领的带领下从波斯湾水域游上岸来，在苏美尔登陆，并且驻扎下来。这些鱼人教陆地人写字、种田，他们会金属加工。"

鱼人族对我们现代人来说，简直是不可思议的。远古的世界到底有没有鱼人族，目前尚没有定论，让我们拭目以待吧。

女鱼人

远古大洪水之谜

《旧约·创世纪》载有古犹太人的传说：上帝看到人类道德已败坏，便以洪水灭世。水势浩大，淹没了所有高山。只有诺亚奉上帝之命建了一艘方舟，载着家人及各种留种动物逃脱了灭顶之灾。

而后一位年轻学者提出诺亚洪水与古代两河流域世界大洪水同出一辙。从而引发了关于洪水的一场旷日持久的争论。

一些人认为世界性的大洪水纯系子虚乌有；另一些人则认为由于气候变暖，冰河大理融化泛滥，海水上升，吞没了大陆，故世界性的大洪水确实发生过，但并未达到淹没一切的程度。

四、辉煌的古代印度文明

谁创造了古代印度的高度文明

一些考古学者曾在哈位巴和摩亨佐·达罗遗址中发现了来自两河流域文明的物品,在两河流域的巴比伦尼亚也发现了不是当地出产的印章和陶器、珠子等。于是有人认为在公元3000年左右,处于两河流域南端的苏美尔人创造了高度发展的农业文明。

也有考古学者认为是雅利安人创造了这一文明。其中的塞·兰顿和G·罕特认为,印度河流域出土的印章和后来的吠陀文字有直接的承袭关系,从而创造了吠陀文明的雅

利安人，也就是印度河流域文明的创造者。

还有一些学者认为印度河流域文明是土生土长的，其创造者当然是当地的土著居民。

关于谁创造了印度河流域文明的问题众说纷纭，究竟是谁至今仍是一个谜。

摩亨佐·达罗的建筑之谜

为了进一步证实摩亨佐·达罗的都市性质,考古学家对摩亨佐·达罗进行了最广泛的发掘。摩亨佐·达罗面积约100平方千米,分西侧的城堡和东侧的广大市街区。西侧的城堡建筑在高达10米的地基上,城堡内有砖砌的大谷仓和被称为"大浴池"的净身用建筑等。其中最令人惊讶的是谷仓的庞大,这似乎显示了这个城市当时的富足。不过装满大谷仓的谷物是怎样征集来的呢?

市区有四通八达的街道，东西走向和南北走向的各宽10余米，市民的住房家家有井和庭院，房屋的建材是烧制过的砖块。如果不是亲眼所见，这是难以置信的，因为在其他古代文明中，砖块只用于王宫及神殿的建筑。最令考古学家惊讶的是完整的排水系统。其完善程度就连现今世界上数一数二的现代都

市也未能达到。二楼冲洗式厕所的水可经由墙壁中的土管排至下水道，有的人家还有经高楼倾倒垃圾的垃圾管道。从各家流出的污水在屋外蓄水槽内沉淀污物，再流入犹如暗渠的地下水道，地下水道纵横

360° 全景探秘
辉煌的
古代印度文明

◆ 印度河

交错,遍布整个城市。面对如此密集的地下水道,人们不禁瞠目结舌。住宅区各处均设有岗哨。从挖掘结果看,这是一个十分注重市民生活、公共设施的城市,这是一个什么社会形态的社会呢?为什么它没有宫殿,所有的住房水准又都一样,完全不同于宫殿、神殿林立的古印加,美索不达米亚及

111

国王、法老陵密布、贫富悬殊的埃及呢？除了完善的公共设施之外，还有不少通向印度河乃至阿拉伯海的港埠，这是国内外广泛而积极的经济活动的表现。所有的这一切出于何人的规划？这个设计师可以说具有现代化的头脑。另外，整个摩亨佐·达罗没有防御系统和攻击武器，也没有精美夺目的艺术作品，这也是已知古代文明中的唯一先例。

辉煌的古代印度文明

这些城市的统治者是什么人？考古学家按照惯例，首先在摩亨佐·达罗寻找王宫和神殿，结果一无所获。这又提出一个问题：是什么人，用什么样的方法来统治这块辽阔的国土？而且摩亨佐·达罗和哈拉巴有着完全相同的城市建设，难道它们都是首都？因为没有神殿，能不能用其他古文明中的例子——古印加、美索不达米亚、古埃及的国王同时兼任法老或祭司王来推测统治者呢？所有遗址中确实没有发现有祭司王统治的痕迹，难道五千多

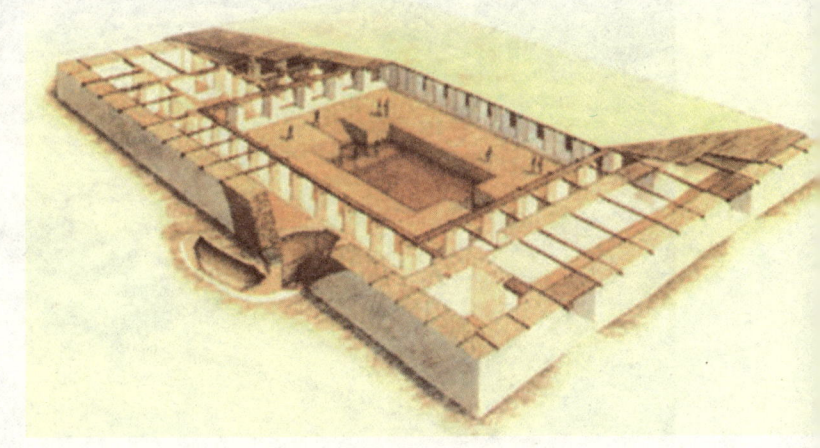

最不可思议的四大文明古国

年前的印度河文明已经废弃了君主制？这么大的国土不可能没有统治者。考古学家又仔细研究了第一块和以后出土的印章，但经过1个世纪的努力，印章上的字还是无法解读。那么，它是否是一种权力的象征？如果是，这两个城市为什么又没有神殿和宫殿呢？

因为有一小部分印章上刻有神像，于是有人推测，这可能是宗教遗物。也有人反驳说，这完全是家

辉煌的古代印度文明

族或个人的保存品，不能说明整个国家具有宗教性质，况且出土的近3万枚印章中，有神像的只是很小部分。如此众说纷纭，谜团越来越多。有人认为只要能够释出印章上的文字，就可以解释这个文明的来龙去脉。其实，文字固然可以使人了解整个文明的起源和衰落，但大多数考古学家却认为必须从多方面研究，以触类旁通。

究竟是什么人创造了这个文明？开始人们曾误以为是受其他文明的影响发展起来的，但是进一步考古发现，无论是文字还是印章都是在其他地方看不到的，而且出土人类骨鉴定也表明这里

的人融汇了许多人种的要素,他们不是现在已知的某个特定民族。

那些在今天已经无法居住的地方建设如此高度文明的城市的人,如果不是印度人的先人,那又是什么人呢?印度河文明是怎样被废弃的?这有待于考古学家们的进一步发现和考究。

摩亨佐·达罗人的死亡之谜

考古学家在研究摩亨佐·达罗遗址中出土的人骨后发现,摩亨佐·达罗人都是在非常奇异的状态下死亡的,也就是说死亡的人并非埋葬在墓中。考古学家发现这些人是猝死的,而且在白骨中均有高温加热过的迹象。摩亨佐·达罗也并没有发生过地震和火山爆发,后发现有不少类似广岛核爆炸后留下的"玻璃建筑"——托立尼提物质。答案似乎出来了,但毕竟是推论,真实情况有待进一步证实。

文明之门罗塔尔之谜

1954年11月,印度考古学家S·R·拉奥宣布,他所领导的考古发掘队在距坎贝尔湾19.31千米的波戛瓦和萨巴马提河之间发现了一个属于印度河流域文明的古代港口城市——罗塔尔。罗塔尔的考古发现又一次把人们的视线引向印度河流域。"罗塔尔"是当地的古吉拉提语,意为"死亡之冢",与摩亨佐·达罗的"死

360° 全景探秘
辉煌的古代印度文明

亡之丘"之意相同。

对罗塔尔的发掘一直持续到1960年，共发掘出物品1.7万多件。拉奥和他的同伴发现，罗塔尔和其他遗址一样，也存在着至少5个文化层，而且时间的下限可能持续到公元前1000年左右。如果这个观点得到确证，印度河流域文明的存在时间就将延长约700年。

在罗塔尔，我们看到了城市规划严谨，在4条主要街道和其他街道边排列着各式建筑物，排水系统亦可谓四通八达。不过罗塔尔最吸引人之处是它的港口。在城南有巨大的船坞和港口平台，已发掘出来的船坞用砖块砌成，高约3米，面积约8 000平方米。人们还发掘出一条长约2.5千米的已经干涸了的河床，这可能是当时的人们开挖的通往坎贝

辉煌的古代印度文明

尔湾的运河。在河道的边上,排列着不同时期建造的码头,可以停靠长18~209米、宽4~6米的大船。每当涨潮时,人工河道中可并排行驶两艘大船。来自西亚、北非以及更遥远地方的商船将各种珠宝、工艺品、食油、矿产等运到这里再运往各地,次大陆出产的纺织品、象牙制品、木材等也从这里经海路运往世界各地。

罗塔尔就像印度河流域文明的一道海上大门,它使世界了解这里,也使它走向世界,并使古老的南亚次大陆对外开放,它对于人类文明的贡献是不可磨灭的。

◆ 象牙制品

古印度的印章之谜

印度河流域出土的印章以及其刻画图形和文字符号是向后人昭示的准确的文明信息。在那里发现的印章已有2500枚，但上面的文字表达什么样的意思至今仍是谜。

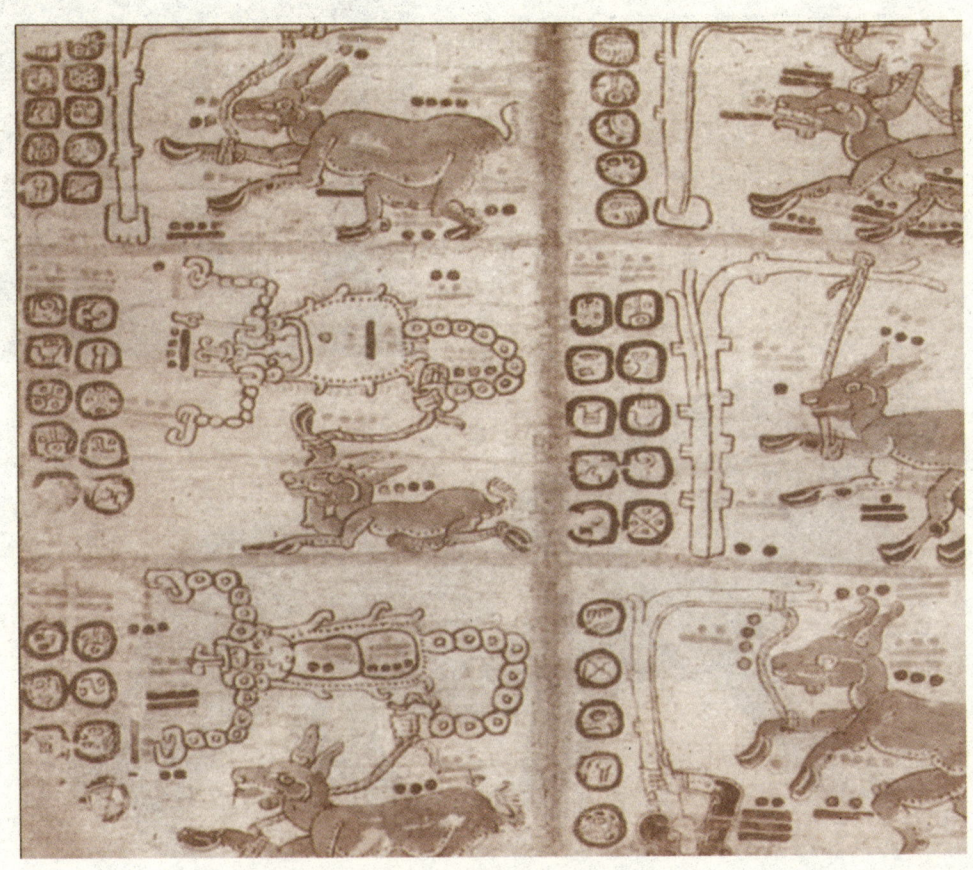

<<<< 360° 全景探秘

辉煌的古代印度文明

在印度,每过一段时间就有一位学者向社会宣布他已读懂了印章上的字,并宣称这是最准确的观点。可没过多久,另一学者的声音就把前面的声音盖住了。每当世界有名的学术单位派人员前往印度考察时,总有不少人登门自荐,称自己已经打通释读印章文字的途径,请求出资帮助。但几十年过去了,读通这些文字仍是遥遥无期。

◆ 工艺品

◆ 印章

古印度哈拉巴文化之谜

印度的远古文明是在1922年才被发现的,由于它的遗址首先是在印度哈拉巴地区发掘出来的,所以通常称为"哈拉巴文化"。又由于这类遗址主要集中在印度河流域,所以也称为"印度河文明"。哈拉巴文化的年代为公元前2300—前1750年。

哈拉巴文化是古代印度青铜时代的文化,它代表了一种城市文明。从已经发掘的

◆ 罗摩衍那

辉煌的古代印度文明

城市遗址来看，城市的规划和建筑具有相当高的水平：如摩亨佐·达罗城，面积达260公顷，全城划分为12个街区，有整齐宽阔的街道和良好的排水系统，有的住宅精美宽敞，开始迈入了文明的门槛。这一文明延续了几百年之后逐渐衰落，于公元前18世纪灭亡。哈拉巴文化衰落后，由印度西北方入侵的游牧民族雅利安人在印度创立了更

最不可思议的四大文明古国

为持久的文明。雅利安人于公元前2000年左右出现在印度西北部,逐渐向南扩张。到了公元前6世纪初,相传在印度形成了16个国家。经过长时期的兼并战争,到公元前4世纪,在南部的恒河流域建立起以摩揭陀为中心的统一国家。

在这一时期,印度西北部的印度河流域遭到波斯帝国的入侵。波斯人统治印度河流域近两个世纪之久,驱逐了侵略者后统一了北印度,不久又推翻了摩揭陀国的难陀王朝,从而建立起古代印度最为强盛的孔雀王朝。

孔雀王朝在阿育王时代发展到全盛时期。他经过多年征战,使王朝版图扩展到除印度半岛最南端以外的整个南亚次大陆,即包括今天的印度、巴基斯坦和孟加拉国。这个庞大的帝国是依靠军事征服建立起来的。因此在阿育王死后不久便陷入分裂。公元前187年,孔雀王朝的最后一个国王的统治被推翻。此后,印度半岛再也没有统一过。

◆ 阿育王

辉煌的古代印度文明

古代印度是人类文明的发源地之一,在文学、哲学和自然科学等方面对人类文明作出了独创性的贡献。在文学方面,创作了不朽的史诗《摩诃婆罗多》和《罗摩衍那》;在哲学方面,创立了"因明学",相当于今天的逻辑学;在自然科学方面,最杰出的贡献是发明了目前世界通用的计数法,创造了包括"0"在内的10个数字符号。阿拉伯数字实际上起源于印度,只是通过阿拉伯人传播到西方而已。公元前6世纪,在古代印度还产生了佛教,后来先后传入中国、朝鲜、日本。

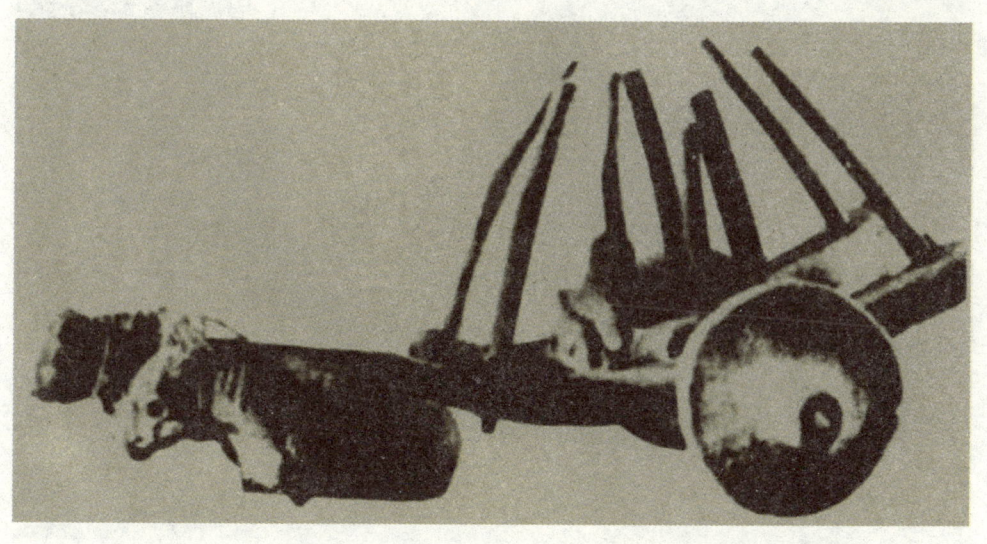

◆ 牛车模型

"战神之车"之谜

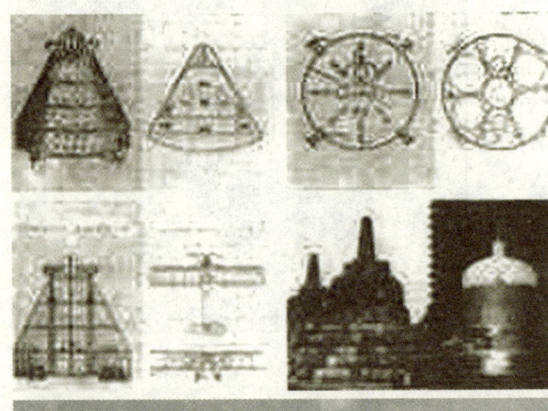

印度南部的古城甘吉布勒姆被称为"寺庙之城",在这些神庙中,有一种形状酷似飞船,有多种样式,上面刻有众多神话人物,被称为"战神之车"。

"战神之车"的构造非常复杂,已经装备了绝缘装置、电子装置、抽气装置、螺旋翼、避雷针以及安装在飞船尾部的喷焰式发动机。但古印度人似乎并不是飞船的建造者,他们既没有建造飞船的必要技术能力,也没有驾驶飞船的科学知识。那么,这些驾驶飞船的神灵,究竟是谁呢?这还有待于科学家们的进一步研究。

露天铁柱永不生锈之谜

在印度马德里城附近的夏麦哈洛里，耸立着一根公元5世纪铸造的巨大铁柱。这根大铁柱高6.7米，直径约1.37米，用熟铁铸成，实心，柱顶有着古色古香的装饰花纹。据

说这根铁柱是为纪念旃陀罗王而铸造的。

但最令人诧异的是,铁柱在露天中耸立了1500余年,经历了无数的风吹雨打,至今仍没有一点儿生锈的痕迹。铁是最容易生锈的金属,一

般的铸铁，不用说千年，几十年就锈蚀贻尽了。

直到现在，人们也没有找到能够防止铁器生锈的有效办法。尽管从理论上说，纯铁是不生锈的，但纯铁难以提取，造价高。而且有些科学家分析了铁柱的成分，发现其中含有很多杂质，绝非纯铁。照理说应该比平常的熟铁更容易生锈才是。

如果说古代的印度人有冶炼不锈铁器的技术，只是这种技术后来失传了，那他们为什么没有在同时代冶炼出其他任何不生锈的铁制器具呢？而且古印度的典籍中，也没有任何关于这方面的记载。

铁柱孤零零地矗立在那里，像是在向我们挑战，又像是在向我们提示着什么。

辉煌的
古代印度文明

印度的瑜伽之谜

神奇的瑜伽，一直吸引着世界各国科学家们的眼球。

1935年，印度马德拉斯省的瑜伽练习者克里什纳马哈里自称能使心脏停止跳动。法国心脏病专家台丽丝·布洛斯医生用手提式心动电流描记器对他进行了现场观察。克里什纳马哈里先运了几口气，接着入静。试验开始后，脉搏摸不到了，心音听不见了，心电图呈一条直线，证明心

◆ 瑜伽

脏停止跳动，但人还活着。台丽丝·布洛斯的观察引起了更多的科学家对瑜伽的兴趣。1961年，新德里的医生们观察了3个自称能够停止心跳的瑜伽。观察结果证实瑜伽的脉搏、血压、心音都停止了，只有心电图呈现出正常的曲线。X光透视发现心脏直径变小了。这证明心脏由于体积萎缩，活动已变得极其微弱。

辉煌的古代印度文明

瑜伽是怎样控制自己心脏活动的呢?

有两个瑜伽的表演过程是:他们先深深地吸气,然后闭住气,用力扩张喉肌、胸肌和腹肌。医生们认为,这种方式可以急剧提高腹压,从而大大减少静脉血进入心脏的流量。从而使心室充血不足,心脏活动大大减弱,体积逐渐变小,以致从体表摸不到脉搏,量不出血压,也听不到心音了。当然,只有经

过多年锻炼的瑜伽,才能用这种方法产生这种神奇的效果。一般人绝不可以轻易一试,因为这很可能引起昏厥甚至死亡。

第二个瑜伽采取的入静方式是剧烈收缩胃部,把胃提到横膈以上。医生们认为,这种方式可以加强迷走神经的紧张程度,从而使心脏活动减弱。

有趣的是,这些医生们还找到了1935年台丽丝·布洛斯观察过的瑜伽练习者克里什纳马哈

辉煌的古代印度文明

里,此时他已67岁。他同意再重复一次当年的表演,但是担心年龄太大,效果不佳。他说,没有一个月的准备,功夫是出不来的。他表演的也是提高胸内压的动作。其他几项观察结果和上次相同,只是这次心电图描出了曲线。新德里的医生们认为,上次台丽丝·布洛斯记录的直线,可能是因技术错误引起的。

1968年,科学家们比较仔细地观察了一次瑜伽表演——"活埋"的情况。表演者4人,一个是职业瑜伽练习者,两个是学过3年气功的世俗瑜伽;还有一个健康的男人,没有任何瑜伽功夫,他们分别下到墓穴,上面黄土封顶,不留气孔。职业瑜伽练习者在下面呆了18小时,其余3人各呆了14小时。试验证明,不论是职业瑜伽练习者,还是普通试验者,在墓穴中的需氧量都大大降低了。

这是什么原因呢?生理学家们早已知道,如果人吸入了含碳量高

最不可思议的四大文明古国

的空气,大脑皮层和皮下层就会受到压迫,从而使肌肉松弛,内脏活动减弱,内分泌减少,其结果必然是需氧量的降低。所以,在含碳量高度集中的墓穴内的人需氧量降低,这是正常现象。还有一点也可以说明这种判断的正确性,即接受试验的瑜伽练习者在墓穴外面反而经受不住空气中含氧量的降低。

印度乌台浦尔邦医科学校

的医生对瑜伽练习者进行过一次令人难以置信的观察。一位叫萨蒂雅穆尔蒂的瑜珈练习者在众目睽睽之下被"活埋"了整整8个昼夜。试验的过程是这样进行的：先挖一个墓穴，不置任何食物，只放5升蒸馏水进去。据瑜伽练习者说，这水不是为了饮用，而是为了湿润空气的。试验结束时，水还剩下一半。穴内温度在24~33℃之间。经过8个昼夜之

后，墓穴被打开，瑜伽练习者仍然和开始试验时的姿势一样地坐在那里，但全身处于僵木状态，对周围的变化反应迟钝。体温大大降低，只有34.8℃，而开始试验时是37.2℃。刚打开封土时，瑜珈练习者全身剧烈颤抖，持续两小时之后，体温才恢复正常。在试验期间，瑜伽练习者体重降低了4.5千克，血糖有所升高。特别应该指出的是，在试验期间，瑜伽练习者肌体的新陈代谢

最不可思议的四大文明古国

ZUIBUKESIYIDESIDAWENMINGGUGUO

不仅没有停止,连很明显的降低都没有。

在瑜伽练习者接受试验的8个昼夜期间,心电图一直观察着,只有几次很短的间断。心电图的记录是出人意料的:"活埋"两小时之后,心跳逐渐加快,第一天晚上达到每分钟2250次!一直持续到第二天傍晚时,心电图突然出现了一条直线,这使医生们大为惊讶。

心电图的直线意味着什么呢?医生们全面检查了仪器,证明一切正常,没有问题。"瑜伽练习者死了!"惊恐的医生们决定立即停止试验,扒出瑜伽。但瑜伽练习者的助手认为没有必要大惊小怪。他说,瑜伽练习者还活着,只是心脏停止了跳动……于是,试验接着进行。在预定结束试验之前半小时,心电图才又开始出现曲线,心跳记录是每

142

辉煌的古代印度文明

分钟142次！是什么原因使心电图出现直线呢？至今仍然是个谜。如果说瑜伽练习者自己脱开了电极板，以后又自己接上了，这就需要很熟悉心电图技术，而且不是一两个导联，是12个导联！再说，到第8天全身处于僵木状态的瑜伽练习者怎么能够自己接上电极板呢？

当然，说瑜伽练习者停止了心脏跳动也是不可信的，因为在整个试验过程中，他的新陈代谢是正常的。

神奇的瑜伽之谜正等待着科学家们进一步的破解。

古印度土著人的风俗之谜

南亚次大陆的原住居民有很多。除了达罗毗荼人之外,这块次大陆上还有从非洲迁入的黑人、从澳大利亚移入的大洋洲土著人、生活于次大陆北部的蒙古人种等。他们都先于白色的雅利安人到来,并已发生了某些融合。

◆ 达罗毗荼人

辉煌的
古代印度文明

天堂中的达西亚人

在印度的北部，土著的达西亚人在河流上筑起了一道道堤坝，旱季引水，涝季排洪。而这些巨大工程却使新来的雅利安人不可思议，甚至震撼。他们把这些水坝当做拦阻妖魔的屏障。达西亚人还建起了高高的城墙，宽敞的房屋，对于居住在简陋帐篷的雅利安人来说，达西亚人简直就像居住在了天堂。

◆ 大洋洲人种

◆ 非洲人种

奇异的印度南方葬俗

在古代印度的南方，陶器和铜器在很早的时候就已开始使用，而温暖的气候和丰沛的雨量，使水稻成为人们的主要食物，牛、羊、猪等牲畜也逐渐被人们驯化。

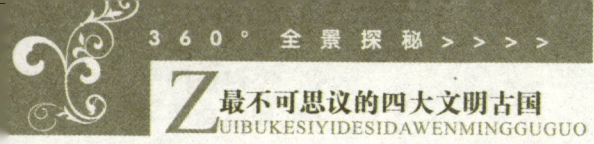

360° 全景探秘
辉煌的
古代印度文明

不过,在南方最引人注目的当数在阿迪查纳卢尔、普杜科泰和科钦等地的巨型石器。这里的居民在亲人们去世之后,并不马上进行土葬或是火葬,而是先把尸体露放在一定的地点任其腐烂,然后再把遗骨

搜集在一起,放入陶瓮或陶棺之中。

在那些紧挨着耕地或蓄水池的岩石高地上,人们用巨大的立石建成方石阵,有的立石高2米左右,有的超过6米,一般情况下一个方石阵有10多根立石。而有的石阵不是横竖排列,而是呈斜形。最大的一个斜阵竟多达几百根立石,几乎可以与中国秦始皇的兵马俑阵相媲美。在石阵旁,人们用大石修建起地下墓穴,有的墓穴中还有雕刻的石柱,置放着有腿的石棺,而那些亡灵们就安息在精心建造的石头宫殿中。即便是几千年以后的今天,人们的建筑业已经极其发达,面对着这样巨大的工程,也不得不为古印度原住居民的智慧和

创造力惊叹不已:他们不仅有着巨大的物质创造能力,其精神世界亦必是多姿多彩的。

那些与农业、气候、山川河流有关的精灵,在次大陆原住居民的心目中占着很重要的地位。为了祈盼丰收和平安,土著居民逐渐创造了一套祭祀礼仪,并为自己的日常生活规定了一些规则和禁忌。他们对祖先怀着深深的敬意,不仅为他们修建专门的墓地,而且在祭礼仪中加进了这方面的规范。

《吠陀》之谜

《吠陀》是古印度最早的文献资料,但它的创作时间和作者至今未明。

《吠陀》创作年代未确认,一些作品产生于公元前3000年,也有一些可能产生于公元前6000年,还有人认为应该是在公元前2000—500年。

辉煌的古代印度文明

《吠陀》应该是很多人智慧和血汗的结晶，他们的名字已无法知晓。但虔诚的婆罗门不同意这种观点，他们认为《吠陀》是由神创作的，是由天神传授给祭司和圣贤的人们。